GÜTERSLOHER
VERLAGSHAUS

Für alle.

»Die Wahrheit richtet sich nicht danach,
ob wir sie aushalten können.«

Flannery O'Connor

DETLEV F. NEUFERT

JESUS
DAS INTERVIEW

NEUES VOM AUFERSTANDENEN

GÜTERSLOHER VERLAGSHAUS

Bibliografische Information der Deutschen Nationalbibliothek

Die Deutsche Nationalbibliothek verzeichnet diese Publikation in der Deutschen Nationalbibliografie; detaillierte bibliografische Daten sind im Internet über https://portal.dnb.de abrufbar.

FSC
www.fsc.org
MIX
Papier aus verantwortungsvollen Quellen
FSC® C005833

Verlagsgruppe Random House FSC® N001967
Das für dieses Buch verwendete FSC®-zertifizierte Papier *Munken Premium Cream* liefert Arctic Paper Munkedals AB, Schweden.

1. Auflage

Umschlagmotiv: © Onionastudio – Fotolia.com
Druck und Einband: Těšínská tiskárna, a.s., Český Těšín
Printed in Czech Republic
ISBN 978-3-579-07088-9

www.gtvh.de

INHALT

ÜBER UNSER TREFFEN

Sie mögen es glauben oder nicht. Aber ein Interview mit dem Papst ist schwerer zu bekommen als eines mit Jesus. Ich weiß nicht, woran das liegt. Wahrscheinlich, weil der Papst an einen irdischen Terminkalender gebunden ist. Also, warum nicht gleich zum Boss?

Ich habe Jesus im Lauf meines Lebens an den verschiedensten Flecken der Erde getroffen – und in den verschiedensten Lebenssituationen – bevor ich auf die Idee kam, ihn um ein Interview zu bitten. Zu meiner Überraschung sagte er sofort zu. Ich muss sagen, ich habe selten ein so langes und so offenes Gespräch mit jemandem geführt.

Eine Erfahrung, die so ganz anders ist als das, was einem bei den Gesprächen über Gott sonst widerfährt. In der Regel passiert dabei immer das Gleiche: Ohne lange nachzudenken, werfen die Gefragten Religion, Papst, Sartre, Kindesmissbrauch, Esoterik, Frauenpriestertum und noch vieles mehr in einen Topf. Der brodelt dann über und aus Freunden werden Feinde. Mit diesem kindischen Gehabe muss endlich Schluss sein. Ich hoffe, dass dieses Interview einen Anstoß gibt zu einer vorurteilsfreien Diskussion über die Möglichkeiten des Glaubens in einer an Wundern oft so armen Zeit.

ÜBER JESUS

Obwohl er zu Tode gequält wurde, soll man sich Jesus als einen fröhlichen Menschen vorstellen.

Die Christen des 1. Jahrhunderts sahen ihn als einen klugen, mutigen und schönen Jüngling. Die Bilder in den Katakomben in Rom zeigen ihn ohne Bart und nie am Kreuz.

Jesus hat sein Wiederkommen auch nach seiner Lebenszeit immer wieder angekündigt.
Er hat sein Versprechen gehalten. Wir haben nur verlernt, ihn zu sehen.

DAS WAR'S, ODER?

Jesus, Sie sind weltbekannt. Über zwei Milliarden Anhänger. Das schafft kein Politiker, kein Papst und kein Popstar. In Ihrem Namen werden Kriege geführt, fallen Menschen in Ekstase und manche tragen ihn auf ihrem T-Shirt. Ihre Biografie ist – sagen wir es mal vorsichtig – außergewöhnlich. Als Sohn Gottes wissen Sie alles. Jesus, wann geht die Welt unter?

Bitte?

Der Kalender der Majas endete am 21.12.2012 mit einer leeren Seite. Eine andere Quelle – die Bibel – bietet in der »Offenbarung« undatierte Schreckensszenarios an. Erdbeben. Tsunami. Killerviren. Krebs. Aids. In Anbetracht der rapide steigenden Katastrophen: Ist es Zeit für eine neue Arche?

Nun, ja ... Die Erde nimmt Abschied von euch.

Also ... ganz ehrlich gesagt ... ich hatte eigentlich auf ein Dementi gehofft.

Wozu? Die Menschheit steht vor einer notwendigen Wandlung. Und wenn Sie mich fragen, höchste Zeit.

Gott gibt die Welt auf?

Die leere Seite des Maya-Kalenders sollten Sie als Metapher lesen. Nur weil dort nichts geschrieben steht, bedeutet das nicht gleich, dass alles vorbei ist. Betrachten Sie's mal so. Die Seite könnte ja auch »weiß« sein. Und eine weiße Seite steht dafür, dass alles neu entstehen kann.

Zum Beispiel?

Ihr begreift die Wahrheit.

Hoppla. Sollte einem da nicht eher Angst und Bange werden? Ich meine bei allem, was man so in den Medien hört und sieht.

Ich bin auch noch da.

Wer's glaubt ...

Menschen glauben doch auch, dass die Welt aus Atomen besteht.

Verzeihung. Aber dafür gibt's einen wissenschaftlichen Beweis.

Tatsächlich? Forschungsergebnisse akzeptiert ihr als Wahrheit, obwohl niemand sagen kann, ob in zehn Jahren deren Hypothesen noch haltbar sind. Mal abgesehen davon, dass wahrscheinlich 99 % der Menschen gar nicht verstehen, worum es dabei überhaupt geht. Und trotzdem seid ihr bereit, sie zu glauben. Ich denke, die Bibliothek der wissenschaftlichen Irrtümer dürfte mittlerweile ebenso groß sein wie die Bibliothek von Alexandria.

Schön. Aber dafür dass die Wissenschaft auch »nur« eine Glaubenssache ist, hat sie doch eine ganze Reihe von Fortschritten gemacht.

Zweifellos. Nur, Sie müssen doch zugeben, dass der Mensch, wenn es um den Glauben an Gott geht, diese bedingungslose Bereitschaft nicht mitbringt. Seltsames Defizit, oder? Der Mensch ist nur bereit, eine vermeintliche Wahrheit bedingungslos zu glauben, solange sie mit dem Etikett der Wissenschaft versehen ist.

Sorry, aber das stimmt nicht.

Wollen wir wetten?

Um was?

Wie wär's mit Ihrer Seele?

Bin ich Faust und Sie Mephisto?

JESUS SIEHT MICH INTERESSIERT AN.

Jetzt wird mir aber etwas mulmig ... Sie sind ja nicht irgendwer.

Nur Mut. Das Leben ist riskant. Fürchten Sie sich nicht.

Ich habe zwar schon viele Interviews geführt, aber das hier ist wie die Formel Eins für Theologen. Kaum gestartet schon auf Volltempo im kosmischen Geheul.

JESUS LÄCHELT. UND SCHWEIGT.

Logisch, verstehe. Wer falsche Fragen stellt, riskiert sein Leben. Sag mal, sollen wir uns duzen?

Gerne.

Irgendwelche Tabus für dieses Gespräch?

Alle Fragen sind erlaubt. Falls mir was nicht gefällt ... kann ich immer noch petzen gehen (LACHT) ... also ... Sie wissen ... ähm ... du weißt ja, was mit Ketzern passiert.

Danke für den Hinweis. Fangen wir von vorne an. Die Geburt von Gottes Sohn hat so gut wie kaum einer mitbekommen, außer drei Astrologen. Bei Prominenten wie Michelangelo oder Steve Jobs war das zwar nicht anders, aber in deinem Fall ist das heute kaum vorstellbar, wo jeder Thronfolger in der Klatschpresse hochgehalten wird. Merkwürdig, oder?

So merkwürdig ist das nicht. Eine reine Schutzmaßnahme. Ich kann nicht für Einstein sprechen oder den Erfinder von Coca Cola. Aber als Auserwählter schwebt man ständig in Lebensgefahr. Seit meiner Geburt bestand die Gefahr, dass ich umgebracht werde. Aber ich bin da nicht der einzige. Denk dran, was dem Dalai Lama passiert, wenn die Chinesen seinen Auftrag verhindern könnten. »Kill Jesus« war auf den Lippen meiner Gegner kein kesser Spruch, sondern die Beschreibung für einen politischen Job. Ich durfte aber erst einmal ganz normal aufwachsen und eine sinnvolle Arbeit – nämlich Schreiner – lernen. So wusste ich auch, wie es um die einfachen Leute bestellt ist und was deren Sorgen im Alltag sind. Das hat mir geholfen, sie zu verstehen und ihre einfache Lebensweise zu bevorzugen.

Wie war deine Kindheit?

So wie es sich für jedes Kind gehört. Beschützt von meinen Eltern und Brüdern. Meine Mutter war da, wenn ich sie brauchte. Wir hatten nicht viel Geld, aber sie musste deswegen nicht arbeiten gehen. Heute wachsen Kinder in den ersten Lebensjahren ja oft ohne Mutter auf. Mir tun die Kleinen leid. Die Stunden, die sie ihre Mutter nicht sehen, fehlen ihnen später im Leben.

Beruf: Mutter?

Eher Berufung. Dabei spielt es keine Rolle, ob Mutter oder Vater die leiblichen Eltern sind.

Das musst du jetzt sagen. Wegen deines Ziehvaters.

Nein. Erziehung basiert auf Hingabe und Zeit. Babies und Kindern ist das egal, von wem sie beides bekommen. Hauptsache, sie fühlen, dass sie geschützt und geliebt werden. Familie kann ein ganzes Dorf sein. Hauptsache, sie ist dein Anker im Leben.

Warst du schon als Kind der Boss im Sandkasten? Hast du schon damals deine Spielkameraden angeführt?

Ich war genauso ein Bengel wie jeder andere. Steve Jobs hat sein Apple-Imperium übrigens auch nicht im Alter von acht Jahren geschaffen. Also, ich habe mich da schon an die altersbedingten Fähigkeiten gehalten. Ich habe mich manchmal wunderbar gelangweilt, meine Zeit im Spiel vergeudet und am Morgen meist nicht gewusst, was der Tag bringt. Also, die beste Art, als Kind aufzuwachsen.

Heute würde man dich bei deinen Fähigkeiten sofort auf eine Sonderschule für besonders begabte Kinder schicken.

Wer sagt denn, dass ich als Kind besonders begabt war? Erst mit Beginn der Pubertät wurde ich mir dessen bewusst. Das war so etwa mit 12 Jahren.

So ganz ist das Versteckspiel aber doch nicht geglückt. Spätestens als du dich in diesem Alter mit den Schriftgelehrten gestritten und mit einem Wissen geglänzt hast, das man eigentlich nicht haben konnte in diesem Alter, dürfte dem einen oder anderen Zweifel gekommen sein.[1]

[1] Lukas 2,41-52

Da begannen sich zum ersten Mal himmlische Kräfte in mir zu regen. Die Schriftgelehrten haben in der Tat doof geguckt. Das wiederholte sich dann, als ich meine ersten Wunder bewirkte. Am Anfang wurde das alles noch als Zauberei betrachtet, bis dann mehr und mehr Leute verstanden, dass da etwas völlig anderes in Gang kam.

Auf der anderen Seite ist es ja auch ganz angenehm, privilegiert zu sein. Oder?

Keine Frage. Ich konnte dem Leben mit einem Selbstvertrauen begegnen, das sich nicht erst beweisen musste. Aber es bestand immer die Gefahr, dass meine Freunde oder Verwandten mich enttarnen könnten. Ein dummer Zufall damals und wir würden uns heute nicht unterhalten. Nimm das Beispiel von Anne Frank oder das von Erich Salomon, dessen Kellerversteck zufällig der Gasmann entdeckte. Er wurde dann im KZ ermordet.

Du hast das Schwein gehabt, dass deine Eltern gewarnt wurden und ihr rechtzeitig fliehen konntet.[2]

Eigentlich schäme ich mich dafür, dass das Privileg so einer Rettung nicht allen zukommt. Das wird dir in solchem Zusammenhang schmerzhaft klar. Der Erfolg wird da zur Bürde.

JESUS SCHWEIGT.

Gottes Sohn zu sein: Wie schafft man es eigentlich, dieses Privileg den anderen nicht auf die Nase zu binden? Noch nicht mal im Zorn.

[2] Matthäus 2,13-15

Ich könnte jetzt sagen: Charakter. Aber das wäre Blödsinn. Weil es so aussieht, als wäre das alles ganz allein mein Verdienst gewesen. Erziehung spielte dabei eine wesentliche Rolle. Und Glück, keine Frage, dass weder ich noch jemand aus meinem Umfeld in die Versuchung geriet, eine Riesendummheit zu begehen. Wahrscheinlich kamen alle drei Dinge zusammen. Eine Sache, die ich in dem Zusammenhang jedoch wesentlich bemerkenswerter finde, ist, wie meine Eltern es geschafft haben, damit klarzukommen. Ein Kind groß zu ziehen, ist eine Sache. Dafür zu sorgen, dass die Mission des Gottessohnes nicht gefährdet wird, eine ganz andere. Damals habe ich begriffen, dass Menschen, wenn es sein muss, in der Lage sind, Außerordentliches zu leisten. Vielleicht war es auch nur das, was auf mich abgefärbt hat.

Außerordentlich waren auch die Umstände deiner Geburt. So eine unbefleckte Empfängnis ist schwer vorstellbar für einen Normalsterblichen. Wie funktioniert so was? Wie Leda mit dem Schwan?[3]

LACHT

Vielleicht bei den Griechen ... Quatsch!

Wieso?

Gott braucht keinen Phallus. Komisch. Gerade ihr solltet das heute doch verstehen. In einer Zeit, in der Frauen Kinder gebären können, ohne den dazugehörigen Mann jemals berührt oder gar gesehen zu haben, dürfte das doch nicht so ungewöhnlich sein. Oder?

Ganz schön progressiv, dein himmlischer Vater. Er benutzte damals schon eine Leihmutter.

[3] Matthäus 1,18; Lukas 1,34-37

Der Heilige Geist ist keine Samenspritze. Den kleinen Unterschied müsst ihr mir schon lassen.

Schon gut. Ich stell die Frage anders: Wozu *eine unbefleckte Empfängnis?*

Mit dieser Geburt hatte Gott etwas völlig Neues im Sinn. Statt einer Religion, die auf Unterwerfung beruht, schwebte ihm eine Religion der Gleichberechtigung vor. Die Menschen sollten sich Gott nicht unterwerfen müssen. Als Zeichen dessen wurde zum ersten Mal Gottessohn und ein Menschenkind aus dem gleichen Fleisch und Blut geschaffen. Ohne die unbefleckte Empfängnis wäre ich also nur ein weiterer Rabbi oder Prophet mehr gewesen. Das wäre sicherlich ausreichend, um die Botschaft Gottes zu verkünden. Nicht aber, um seine Existenz zu beweisen.

Ganz so einzigartig war die Idee aber nicht. Jungfrauengeburten gab es auch schon vor dir. In den mythischen Geschichten über Helden wie Herakles oder Alexander den Großen wird auch davon erzählt. Zudem verfälschten Astrologen gerne die Geburtszeiten von Königen, damit in einer Zeit, die an die Macht der Sterne glaubte, gute Schicksalvorhersagen möglich wurden.

Meine Geburt ist die Chance für einen Neuanfang in der Geschichte der Menschheit. Und zwar für jeden Neugeborenen. Sozusagen der Reset-Button. So wie wenn Menschen nach einem Krieg wieder zueinander finden.

Ausbaden mussten das aber Josef und Maria. Eine Mutter, zwei Väter. War das nie Thema zwischen deinen Eltern?

Bestimmt. Aber wenn, dann war ich nicht dabei.

War dein Vater nicht irgendwie sauer oder eifersüchtig?

Josef verstand nicht, was da vor sich ging. Beweise, dass Maria mit einem anderen Mann geschlafen hatte, gab es keine. Doch seine Zweifel wuchsen. Er wollte sie verlassen. Um kein Aufsehen zu erregen und ihre Zukunft nicht zu gefährden, sollte das ganz heimlich abgewickelt werden. Er war ein einfacher und wunderbarer und anständiger Mann. Natürlich ist er dann informiert worden. Ohne sein Einverständnis wäre da nichts gelaufen.

Wer hat ihn informiert?

Gott.

Ach so? Und er hat ihn persönlich besucht, um ihm zu erklären, dass er mal eben seine Frau geschwängert hat?

Er hat dafür sein Personal.

Gott hat Personal?

Engel ... warum schaust du so ungläubig?[4]

[4] Matthäus 1,19-21; Lukas 1,26-38

ENGEL: KLEINE ANTI-TEUFEL?

Engel?

Natürlich, was ist denn daran so besonders? Sie sind Gottes Boten und überbringen seine Worte.

Wie das?

Durch Träume, sogar durch aktiven Einfluss. Engel sind reine Geister, die es lieben, für andere da zu sein.

Ist das nicht ein bisschen schwammig?

Das wird das Problem unseres Interviews sein. Wir reden über Dinge, die den Geist betreffen, über Zwischenräume, die nicht leicht analysierbar sind. Wissenschaftliche und historische Beweise sehen da sicher anders aus. Es geht auch nicht um Nachrichten aus der Zeitung oder um philosophische Abhandlungen. Mein Job ist Aufklärung über Gott.

O.k. Akzeptieren wir mal, dass es Engel gibt. Engel sind üblicherweise klein, pausbäckig und haben Flügel. Wie passt dann der grausliche Luzifer, der gefallene Engel, dazu?[5]

Luzifer gilt ursprünglich als das schönste Wesen im Reich Gottes. Oder »galt«, sollte ich lieber sagen.Er brachte das Licht, in dem Gott sich zum ersten Mal selbst erkennen konnte.

Der Fürst der Finsternis als Herr über die Erleuchtung. Das ist ein Witz, oder?

[5] Jesaja 14,12-15

Ganz und gar nicht. Dinge sind nie nur gut oder nur schlecht, schon gar nicht, wenn sie einen eigenen Willen haben. Luzifers Leistung bestand in der Abschaffung der Finsternis. Eine Finsternis, die wie ein schwarzer Monolith vorher alles umgeben hatte. In ihr fehlte Gott die Erkenntnis seiner Vollkommenheit. Das schafft er durch den Lichtbringer Luzifer. Er schuf damit die Grundlage für alles, was wir heute mit Zuversicht, Mut, Aufklärung und Schönheit verbinden. Sogar Erleuchtung. Luzifer war also eine positive Gestalt, wenn du so willst.

Und dennoch wurde ihm der eigene Wille zum Verhängnis.

Ich weiß nicht, ob Luzifer nicht nur von seiner eigenen Schönheit geblendet war. Er fühlte sich als Auserwählter. Ein Narziss. Er glaubte, dass Gott ihm keinen Wunsch abschlagen könne, denn er hatte ihn als Dank und Beweis seines Vertrauens sogar mit der Macht versehen, eigene Wesen zu schaffen. Das war ihm nicht genug.

Was sollen das für Wesen sein? Bitte nicht die Engel des Bösen!

Die Geschöpfe Luzifers haben schon zu Zeiten der Propheten die Erde besucht. Sie leben in den Tiefen der Galaxien.

Ach, wirklich? Und warum reichen Luzifer diese Eigengewächse nicht?

Was Luzifer zusätzlich verlangte, war Gott nicht bereit zu geben. Nämlich den Schlüssel zum Leben. Den vermutet er beim Menschen. Und er versucht alles, um ihn euch abzunehmen.

Der Mensch ist somit Gottes größtes Geheimnis? So eine miserable Konkurrenz würde ich mir als Lieblingsengel auch nicht gefallen lassen. War das der Grund, warum er von der Licht- auf die Schattenseite wechselte?

Zunächst einmal beschloss er die Grenzen, die Gott ihm gesetzt hatte, nicht zu akzeptieren.

Grenzen?

»Gut« und »Böse«. Diese Orientierungsmarken hatte Gott zum ersten Mal bei der Trennung von Licht und Finsternis benutzt. Er sah, dass das Licht »gut« war, nicht schön, hell oder lustig, sondern »gut«![6]

Als Engel verfügt Luzifer über einen eigenen Willen. Warum sollte er sich da an irgendeine Vorgabe halten?

»Gut« und »Böse« sind doch keine beliebigen Begriffe. Sie sind mit energetischen Konsequenzen verknüpft. Wenn du sie dir als Bild vorstellst: »Gut« führt spiralförmig sich immer weiter öffnend aufwärts, ins Licht und ins ewige Leben. »Böse« verengt sich nach unten zu einem finalen Punkt der Finsternis und Auslöschung. Luzifer hat sich für letzteres entschieden.

Warum? Alles, was das Leben ausmacht, ist da vorbei. Was hat Luzifer davon?

Das gibt ihm die Möglichkeit, sich an der ihm überlassenen Macht zu berauschen und sich vor Gott zu verbergen. Wie ein schwarzes Loch im Universum saugt er das Licht auf. Je mehr Licht Luzifer wieder in Finsternis verwandeln kann, desto furchteinflößender seine Macht.

Verstehe. Aber, nichtsdestotrotz: Warum hat Gott Luzifer auf die Menschen losgelassen. Und nicht von Anfang an gestoppt. Ich

[6] Genesis 1,4

meine, auch dir wäre damit eine Menge Ärger erspart geblieben. Oder?!

Hätte Gott den Teufel aufgehalten, gäbe es keine Schönheit. Hätte er deswegen auf einen wesentlichen Teil des Garten Edens verzichten sollen? Ich meine, wer reißt schon alle Rosen aus dem Garten, bloß weil man sich an den Dornen verletzen kann.

Warum nicht? Es bleibt immerhin noch Gottes Garten.

Eine schöne Frau, die du liebst, hat dich verlassen. Zürnst du jetzt der Schönheit oder der Frau?

Andere Frage. Wenn Luzifer so schön war, wie du sagst, wie konnte er es selbst ertragen, sich in etwas Abstoßendes zu verwandeln? Ich meine, kein Supermodel würde freiwillig rumlaufen wie Frankensteins Tochter oder wie ein Zombie.

Lodernde Wut. Brennender Hass. Maßlose Enttäuschung. Nenn es, wie du willst. Das Schlimme ist, dass der einstige Lichtbringer trotz seiner Wut Rationalist geblieben ist. Man könnte fast sagen, dass er das alte Sprichwort »Seid klug wie die Schlangen und arglos wie die Tauben« für seine Zwecke umgemünzt hat in »Seid klug wie die Tauben und arglos wie die Schlangen«. Also haltet Schwachsinn für Weisheit und akzeptiert Lügen als Wahrheit.

Ich komm' nicht ganz mit.

Je abgefeimter eine List, desto besser. Er schlüpft in das Gewand der Taube und bleibt eine Schlange. Er sagt, er will Frieden, dabei plant er den nächsten Krieg. Der Teufel kleidet sich zum Beispiel auch gerne in den Rock eines Priesters. Aber ganz egal, in welchem Kostüm, er tut das immer nur aus einem einzigen Grund.

Menschen zu verführen?

Nein. Um die Schönheit zu vergiften. Das ist seine Rache an Gott.

Luzifer benimmt sich wie ein eifersüchtiger Liebhaber.

Luzifer ist Gottes erster Liebesakt. Er schuf den schönsten Engel, um sich an seiner Schöpfung zu erfreuen.

Klar ... und Gott fiel auf ihn herein wie der deutsche Bauer auf die Thaifrau. Also schon hier macht Liebe blind?

Es war wohl eher Sinneslust. Aber Lust, die man empfindet, wird schal, wenn nicht Liebe daraus wird.

Mir tut Luz leid. Auch er ist also einsam.

Luzifer hat die Liebe, die Gott ihm entgegenbrachte, nicht erwidert. Später, als er die Menschen erschuf, war Gott klüger.

Die anderen Engel sind zum Glück weniger selbstverliebt.

Stimmt. Sie sorgen in schwierigen Situationen für ungewöhnliche Lösungen. Sie haben sogar die Fähigkeit, Menschen ganz besondere Erkenntnisse zukommen zu lassen. Sehr oft von Angesicht zu Angesicht. Sie begleiten Ereignisse der Geschichte und individuelle Biografien. Manchmal haben sie auch die Pflicht einzugreifen. Darf ich dich daran erinnern, wie sie dich einmal vor einem tödlichem Zusammenstoß gerettet haben?

Du meinst die Geschichte in Italien? Naja, ob das Engel waren ... Ich war mit meiner BMW R90/6, die es immerhin auf 210 km/h brachte, auf dem Weg nach Griechenland, um Ferien zu machen. Ich wollte unbedingt noch die letzte Abendfähre vom süditalieni-

schen Lecce nach Igoumenitsa auf der griechischen Seite erreichen. Also gab ich Gas. Auf einer gut ausgebauten Landstrasse setzte ich zum Überholen eines kleinen Fiat 600 an. Im selben Augenblick scherte er auf meine Spur aus. Ich fuhr Tempo 170. Es war mir unmöglich, ihm auszuweichen. Ich raste in ihn hinein. Im Bruchteil dieser Sekunde sah ich den Unfallhergang ... beobachtete den Abtransport meiner Leiche ... die Polizisten, die an unserer Haustür in Deutschland klingelten ... wie meine Mutter öffnete ... ihr Schock, als sie verstand ... Dann meine Beerdigung an einem sonnigen Tag ... die fassungslosen Gesichter meiner Freunde ... die entsetzte Trauer meiner Eltern ... das alles in voller Klarheit, dreidimensional und in Realzeit ... und dann riss eine übermenschliche Kraft mein Motorrad aus der Gefahr ... physikalisch völlig unmöglich ... und dann war ich wieder in der Jetztzeit. Mein Tod war irgendwie verschoben worden.

Bei meiner Geburt haben Engel die Organisation übernommen.

Na, ganz so erfolgreich war das später aber nicht immer. Trotz himmlischen Eventmanagements verlief deine Taufe nicht ganz so reibungslos. Gott musste dich am Jordan auch noch einmal durchsagen und klar machen, dass du sein geliebter Sohn bist. Sind die Leute nicht vor Schreck weggelaufen, als plötzlich der Schöpfer der Welt zu ihnen sprach?[7]

Im ersten Moment schon. Aber sie hatten sich ja eingefunden, um sich durch die Taufe mit Gott zu vereinigen. Und zwar freiwillig. Ein Wunder wie dieses unterstrich die Bedeutung doch nur. Die Taufe sollte deswegen auch immer eine mystische Inszenierung sein und so gestaltet werden, dass religiöse Erfahrungen möglich werden.

[7] Matthäus 3,13-17

Du warst knapp 30 Jahr alt, als Johannes der Täufer dich im Jordan taufte. Und du wusstest, warum. Heute werden Babys getauft. Was hat das mit freiem Willen zu tun?

Die Babytaufe ist eines der vernünftigen Dinge der Religionen, da sie den neugeborenen Menschen mit einem spirituellen Schutzmantel umgibt. Allerdings auch nur dann, wenn die Eltern daran glauben.

Und wenn nicht?

Wir passen trotzdem auf. Aber sag's nicht weiter.

Das passt aber nicht ganz zusammen mit der grausamen Feststellung in der Bibel: »Wer glaubt und sich taufen lässt, wird gerettet; wer aber nicht glaubt, wird verdammt werden«.[8]

Das hat mir irgendjemand später untergeschoben. In dem Punkt bin ich mit der Kirche absolut nicht einer Meinung. Keiner wird verdammt. Ebenso wenig wie es das Schreckgespenst der Erbsünde noch gibt. Diesen Bann über Adam und Eva und deren Nachkommen habe ich durch meinen Tod aufgehoben. Was sich aber nicht ganz so leicht rückgängig machen lässt, ist die Vertreibung des Menschen aus dem Paradies. Das müssen wir jetzt ändern.

Schön. Und wie?

Kapiert endlich, wer Gott ist. Das haben euch die Engel voraus.

[8] Markus 16,16

Vielleicht ist es ja dann besser, bei den vielen Katastrophen, die so ein Leben mit sich bringt, erst mal die Engel zu nerven. Und nicht Gott.

Kein Problem. Nerve Gott.

Und wenn er es mir übel nimmt?

JESUS STRAHLT MICH AN.

Sehe ich so aus, als ob ich etwas übelnehmen könnte?

MACHT GOTT FEHLER?

Mittlerweile reden selbst Wissenschaftler mit Gott. Heinrich Matthei, ist einer von ihnen. Matthei erforscht supramaterielle Energien. Er behauptet, Gott würde auf seine Fragen offen antworten. Spinnerei oder wissenschaftliche Avantgarde?

Warum? Wenn jemand den persönlichen Wunsch hat, mit Gott zu sprechen, ist das doch alles andere als Spinnerei. Für einen, der die rechte Absicht hat, ist alles möglich. Besonders wenn er seine Kontaktaufnahme nicht nur als Fürbitte versteht. Sondern als tatsächlichen Wunsch nach einem aufrechten Gespräch.

Trotzdem. Ich denke, das ist keine gute Idee.

Was, mit Gott zu reden?

Sich mit Gott über die Schöpfung zu unterhalten. Ich glaube nicht, dass Gott ein ernsthaftes Interesse hat, die Geheimnisse der Schöpfung zu offenbaren. Und dann stellt sich immer noch die Frage, was die Menschen mit der Erkenntnis anstellen.

Du vergisst eins. Gott ist neugierig auf alles, was ihr treibt. Für mich sieht es eher so aus, als würde hier der Lehrling mit dem Meister ein kompliziertes Problem erörtern. Möglicherweise gefällt Gott aber auch einfach nur, dass hier jemand nach einer Erkenntnis strebt, die seine Existenz untermauert.

Untermauert? Du meinst wohl eher untergräbt.

Woher auf einmal diese Schwarzseherei? Zweifellos sind zahllose Entwicklungen aus den angewandten Wissenschaften zum Nachteil der Menschen benutzt worden. Nimm als ein Beispiel die Diskussion um genetisch verändertes Saatgut und dessen Patentierung und die negativen Folgen für die Bauern und für die, die das Zeug essen müssen. Andere wissenschaftliche Erkenntnisse haben unsägliches Leid in die Welt gebracht. Aber ist eine naturwissenschaftliche Erkenntnis falsch, weil der Umgang mit ihr falsch ist? Denk dran, wenn du das nächste Mal im Krankenhaus liegst oder im Winter die Heizung aufdrehst.

Trotzdem. Du kannst doch nicht ernsthaft behaupten, dass da draußen alles wie am Schnürchen läuft.

Mit offenen Augen durchs Leben zu gehen verlangt auch, dass man nicht nur auf das Schlechte starrt. Auch wenn es im Moment vielleicht überwiegt. Möglich, dass man sonst eine Entwicklung übersieht.

Ha! Und welche?

Das erstaunliche ist doch, dass es heute die Wissenschaftler sind, die den Menschen den Glauben an die Schöpfung zurückgeben. Zum ersten Mal sind wir einem Gottesbeweis auf naturwissenschaftlicher Basis ein großes Stück näher. Bei den Wissenschaftlern gibt es ein Staunen über die Vielfalt der Schöpfung. Das hat die Kirche in den letzten 2000 Jahren verlernt, weil sie ihr Augenmerk auf das seelsorgerische Element gelegt hat. Für mich ist besonders der naturwissenschaftliche Aspekt eine der faszinierenden Facetten des Glaubens. Weil sie dem Wort die Komponente des Wissens hinzufügt. Und das ganz anders, als es die heilige katholische Kirche mit ihrer Fortschreibung von Wundergeschichten tut. Die Wissenschaft will ja wirklich wissen, wer da am Anfang war.

Du akzeptierst die Suche nach der Weltformel?

Eine Forscherin hat einmal den schönen Satz gesagt: Theoretische Physik ist wie bildende Kunst.

Bravo! Und die Weltformel?

Gott ist der Schöpfer.

Na, klar. Dann kannst du mir ja auch verraten, was vor dem Urknall ist.

Um das herauszufinden, müsstest du Gott sein. Diese Antwort hat mein Vater nicht im Angebot.

Jesus! Alle Fragen sind erlaubt.

Denk doch mal logisch. Etwas, das so langweilig war, dass Gott beschloss, es mit einem großen Knall zu ändern. Du könntest es auch absolute Ruhe nennen, die durch den Urknall in Bewegung überging. Nur so viel: Vor dem Urknall gibt es weder Zeit noch Raum. Übrigens auch keine Fragen. Sogar die Idee einer Menschheit existiert dort nicht. Das schwarze Licht löscht euch dort auch als Gedanken aus.

Vielleicht war Gott auch nur ein Vulkan auf dem Tafelberg Hala al-Badr in Saudi Arabien wie es der Archäologe Israel Finkelstein aus Tel Aviv vermutet?

Wenn mein Vater ein Vulkan wäre, gäbe es ihn nicht mehr. Dann wäre er verbrannt. Und ihr wahrscheinlich mit ihm.

Wäre das schlimm?

Theoretisch wäre die Auslöschung der Menschheit keine große Angelegenheit. Praktisch sieht das anders aus. Gott müsste unter großen Schmerzen gewaltig umplanen.

Vielleicht kommen wir ihm zuvor und finden Geheimnisse, mit denen wir ihn erpressen können?

Unterschätze nicht Gottes Vorsichtsmaßnahmen. Wer versucht, gegen die Schöpfung zu manipulieren, verbrennt wie Ikarus an der Sonne, und seine Nachkommen werden unweigerlich verrückt werden.

Beweise?

Virenmanipulationen, Zellmutationen, Genkonstruktionen. Soweit die Fantasie der Forscher reicht, wird alles möglich sein. Aber das gierige Essen der Früchte vom Baum der Erkenntnis kann der menschlichen physischen Existenz irreparablen Schaden zufügen, denn viele dieser Früchte sind hoch giftig.

Für jedes Gift finden wir ein Gegengift.

Wirklich? Erklär das mal den Menschen in Japan, die über Generationen hinweg die Folgen der Kernschmelze in Fukushima zu tragen haben. Ich bin gespannt, wie sie reagieren. Das Gift sind jene unkontrollierbaren Wirkungen, die der Mensch nicht vorhersehen kann. Einmal in Gang gesetzt laufen sie nach eigenen Gesetzen ab. Sie aufzuhalten ist wie der Versuch, eine Atomexplosion mit einem Gartenzaun zu bändigen.

Inzwischen sind unsere Forscher schon auf der Spur eines bislang mysteriösen Partikels, dem Higgs-Boson. Es verleiht der Materie im Universum ihre Masse und wird als Gottesteilchen gefeiert. Finden wir jetzt den Beginn des Beginns?

Kein Wissenschaftler kann diesen Moment finden. Er entzieht sich der Messbarkeit. Auch wenn Nuklearforscher noch so riesige Teilchenbeschleuniger konstruieren und in einem Kernforschungstunnel um die ganze Welt Protonen mit Apfelkernen aus dem Paradies kollidieren lassen könnten, sie werden den Urbeginn nie messen können.

Wieso bist du dir da so sicher?

Sie suchen an der falschen Stelle. Aber lass sie suchen, vielleicht finden sie am Ende heraus: Gott wohnt um die Ecke.

Wenn man dir so zuhört, könnte man denken, dass es von Eva gar nicht so falsch war, vom Baum der Erkenntnis zu essen. Sie hat Gott dadurch in die Lage versetzt, zu sehen, wie seine Früchte wirken.

Die Vertreibung aus dem Paradies war zwar definitiv das Gegenteil von dem, was Gott plante. Aber in der Zwischenzeit haben sich einige interessante Entwicklungen daraus ergeben. Das Bemerkenswerte an den Menschen ist ja, dass sie es auch über einen Umweg immer noch schaffen, ans Ziel zu kommen. Gott muss das gewusst haben, als er den Menschen aufforderte, sich die Erde untertan zu machen.[9] Und vielleicht schätzt er das sogar. Ja, Gott macht Fehler. Und doch wieder nicht. Deswegen seid ihr ihm ja so nah.

Könnte er nicht wenigstens seine Fehlerquote verbessern?

Es ist doch alles geregelt. Der Baustein, der von Anfang an in den Verstand des Menschen gepflanzt wurde, ist die Verantwortung. Nutze diese und behandele mit allem Respekt, was die Natur dir

[9] Genesis 1,28

gibt. Versuche, im Einklang mit ihr zu leben, und du wirst die meisten Fehler vermeiden.

Und wenn es gar zu schlimm wird, schickt er eine Sintflut? So ganz gibt er die Zügel nicht aus der Hand.

Die Natur folgt bestimmten Gesetzen, die Gott festgelegt hat. Darin sind ausreichende Warnsysteme integriert, die auf drohende Gefahren aufmerksam machen. Frag die Indianer in Amerika, die Buschmänner Australiens, die Schamanen in der Mongolei, die Yogis in Indien, aufrechte Wissenschaftler in aller Welt. Sie alle erheben ihre Stimme, um rechtzeitig zu warnen. Wenn deren Erkenntnisse missachtet werden, kann Gott nicht verantwortlich gemacht werden.

O.k. Aber was ist das für ein Gott, der vorher nicht dazwischen fährt? Wieso hat Gott Auschwitz zugelassen? Es war der Mord an seinem heiligen Volk.

Wenn etwas nicht so geht wie du willst, soll jemand kommen und die Fehler für dich verhindern? Ist es das, was du meinst?

So in etwa. Aber ich versteh' schon. Du willst sagen, bloß weil's brenzlig oder kompliziert wird, ist das noch lange kein Grund zu kneifen ...

... ganz genau ...

Es gibt eine Reihe historischer Situationen. Auschwitz, My Lai, Phnom Penh, dazu die Massaker im Kosovo, in Afrika, in China. Der Vorwurf, dass Gott sich von der Welt zurückgezogen hat, liegt doch nahe.

Ich könnte genauso gut andersherum argumentieren. Die Tatsache, dass es immer wieder zu diesen entsetzlichen Verbrechen kommt, wäre ein Beweis dafür, dass ihr euch von ihm abgewandt habt. Und aus seiner Verzweiflung über die Unbelehrbarkeit seiner Kinder hat er der Welt den Rücken zugekehrt. Wo ist da sein Fehler?

Guckst du Talkshows? Das ist doch jetzt reine Wortklauberei.

Überhaupt nicht. Ich versuch dir nur einen Punkt klar zu machen ...

... und welchen bitte schön?

Immer wenn etwas nicht so läuft, wie du willst, soll jemand kommen und das für dich regeln. Du verlangst eine Menge Freiheiten für dich, bist aber nicht bereit, für die Freiheit der anderen zu kämpfen ...

... aber, mal angenommen, ich bin nicht der Typ für Heldenmut und sollte die Nazis und Auschwitz aufhalten. Was hättest du mir 1943 dazu gesagt?

JESUS SCHWEIGT.

(NOCH EINMAL NACHBOHREND) *Nehmen wir mal an, ich hätte einen Plan gehabt, was zu tun ist. Und mich irgendwie anständig verhalten. Und dann wäre ich am Schluss bei einem Bombardement umgekommen. Ist zwar alles nur hypothetisch. Aber das wäre doch Grund genug, an der himmlischen Gerechtigkeit zu zweifeln, oder?*

Dumm gelaufen, keine Frage. Aber dafür säßest du jetzt im Paradies.

Interessante Form von Ironie, die du da kultivierst.

Nun mach aber mal halblang. Es war nicht Gott, der Abel erschlug und es ist nicht Gott, der sechs Millionen Juden getötet hat. Es ist nicht Gott, der die Roten Khmer an die Macht gebracht und Millionen Kambodschaner ermordet hat. Es ist nicht Gott, der den Vietnamkrieg begonnen und die umliegenden Länder mit Bombenteppichen belegte. Nicht er ist schuld an den Millionen von Opfern. Es ist nicht Gott, der im Namen des Islam Selbstmordattentate verübt und der für die Kriege und Ungerechtigkeit auf dieser Welt verantwortlich ist. Es ist der Mensch. Und niemand anders.

Und warum hat Gott nicht schon den Anfängen gewehrt und Kain daran gehindert, seinen Bruder Abel zu erschlagen?

In Kain und Abel ist alles angelegt, was der Mensch mit der Freiheit, die Gott euch vermacht hat, anstellen kann. Er hat Euch die Freiheit gegeben, zwischen den Optionen ›Gut‹ und ›Böse‹ zu wählen ...

... zu lügen, zu betrügen, zu vergewaltigen, Kriege zu führen, zu morden, Kinder zu versklaven ... eine – entschuldige – Scheiß-Freiheit ...

Freiheit ist Freiheit.

Die Zehn Gebote. Wo ist da die Freiheit?

Die zehn Gebote sind Freiheit pur. Es heißt nicht »Du musst ...«, sondern »Du sollst ...« Du sollst Gott lieben, du sollst deinen Nächsten lieben, du sollst nicht morden, du sollst nicht stehlen ...

Wie sieht es mit der Freiheit aus, an Gott zu glauben?

Das ist die größte aller Freiheiten. Du kannst glauben oder nicht glauben. Wenn du wirklich diese Schöpfung und deine Mitmenschen liebst und dementsprechend handelst, bist du schon auf der richtigen Seite. Liebe, Glaube und Freiheit sind eine Familie.

Die Nachrichten sind heute voll von Berichten über Kindervergewaltigung, Terrorismus, Genozide, Geldgier. Lauter Fehler im System Mensch? Es wäre vielleicht hilfreich, wenn dein Vater mal zu einer Talkshow im Fernsehen geht und seinen Kommentar dazu abgibt.

Ich werde ihm die Idee vortragen.

Du glaubst doch nicht im Ernst, dass sie ihn zu Wort kommen lassen.

Das bleibt abzuwarten. Ich kann immer nur wiederholen: Was hätte Gott von dir, wenn er dich mit der Peitsche zwingen würde? Er hat dich als sein Ebenbild erschaffen. Er macht dich zum Gestalter, wie er Gestalter ist. Er hat dir seine Freiheit geschenkt. Die einzige Einschränkung ist dein Körper. Der ist in eine vorgegebene Form gefasst. Deine Augen sind in deinem Kopf und nicht in deinen Knien. Deine Nieren sind Teil deines gesamten Organismus und haben ihre Funktion darin genauso wie dein Herz, das so lange schlägt, bis es seine Pflicht getan hat.

Dann bin ich also doch ein Gefangener Gottes, in einer Hülle, die er mir gegeben hat.

Du bist Gottes Ebenbild. Du bist nicht Gott!

Also dann auch so unvergänglich wie er? Hat dein Vater nicht zugesagt, die Erde für ewig zu erhalten?

Gott sagte nicht, dass die Erde ewig erhalten bleibt. Seine genauen Worte sind: »Solange die Erde besteht, sollen nicht aufhören Aussaat und Ernte, Kälte und Hitze, Sommer und Winter, Tag und Nacht.«[10]

Dann wird eines Tages unsere Erde also wirklich verschwunden sein?

Die Erde ist Materie und somit endlich. Sie wird eines Tages nicht mehr existieren. Aber ist das für dich wirklich eine lebenswichtige Frage? Wichtig ist, dass ihr bis dahin Gott getroffen habt.

Gott macht Fehler, wir machen Fehler. Ist das eine Art Gleichberechtigung mit Gott?

Gott kann keiner toppen. Auch nicht in seinen Fehlern. Die Festplatte des menschlichen Gehirns hat schlichtweg nicht genug Speicherplatz für einen solchen Versuch. Übrigens hat auch Luzifer da beschränkte Kapazitäten.

Aber vielleicht eine größere Trickkiste als Gott? Woher weiß ich, dass du kein Dämon bist?

[10] Genesis 8,22

DAS GUTE: EINE MASKE DES BÖSEN?

(GRINST) Guck doch mal auf meinen Fuß.

Komm schon. Wie kann ich sicher sein, dass aus dir nicht der Teufel spricht? Wenn er die Schönheit vergiften kann, warum nicht auch das Gute?

Dafür hat er schon die Wohlmeinenden erfunden. Nein, streich das. Verrat mir lieber: Was sagt dir dein Gefühl?

Ich weiß nicht.

Was ist los mit dir? So schwer ist das doch nicht. Ohne den Glauben fehlt dem Verstand die Vorstellungskraft. Und ohne den Verstand ist der Glaube blind. Zur richtigen Erkenntnis gelangst du also nur mit beidem. Glauben und Verstand! Das solltest doch selbst du als Skeptiker wissen. Die Schwierigkeit besteht darin, zu erkennen, in welcher Situation du etwas mehr Glauben brauchst. Und in welcher etwas mehr Verstand. Wenn ich dir jetzt diese Aufgabe abnehmen würde, wüsstest du zwar, wer ich bin, hättest am Ende aber rein gar nichts gelernt.

Was denn zum Beispiel?

So was wie sicher zu sein, ohne absolut sicher zu sein. Der Glaube schärft die Vorstellungskraft auf der einen Seite. Der Verstand die Gewissheit auf der anderen. Wenn du dir deine Frage also recht überlegst, würdest du feststellen, dass der Teufel immer einen Pakt anbieten muss. Seele gegen irdische Genüsse. Jetzt lauter Superlative von Luxus, Anbetung, Reichtümern. Aber den anderen Teil an diesem Pakt, die Rückseite seines Angebotes, die legt er dir nicht offen. Und das sind später alle Qualen der Hölle. Wenn ich dir was Gutes tue, verlange ich dafür nichts. Außer vielleicht, dass du von den Zehn Geboten nicht dauernd elf außer Acht lässt. Und selbst dann würde ich dir, wenn du Reue zeigst, immer noch verzeihen. Frag mal den Teufel, was er dir verzeiht.

Ist doch seltsam, dass Menschen sich so schwer tun, dich zu erkennen. Wo doch ein Dämon offenbar sofort begreift, wen er vor sich hat, wenn ich mich an deine Geistergeschichten in der Bibel recht erinnere.[11]

Wahrscheinlich war das bei denen nur die pure Angst. Als Geister eines bösen Zwischenreichs konnten sie meine göttliche Aura sehen. Und da mussten sie ja fürchten, dass ich sie ins Verderben stoßen würde. Ich hab einigen jedoch nur den Mund verschlossen. Damit war ihren teuflischen Einflüsterungen fürs erste ein Riegel vorgeschoben. Das war ein sehr amüsantes Bild, als sie sich an ihren kleinen und größeren Gemeinheiten verschluckten.

Hört man deswegen heute nie wieder etwas von ihnen?

Ihr habt den Dämonen nur andere Namen gegeben. Und versteckt sie zwischen psychisch Kranken in Nervenheilanstalten.

Das kann ja jeder sagen.

Genau wie, dass es sie nicht mehr gibt. Wer mit Drogenabhängigen zu tun hat, kann sich leicht ein Bild von ihnen machen. Schon mal einen Junkie auf Entzug gesehen? Frag ihn einmal, mit wem er da so entsetzlich kämpft. Geister leben in vielen Varianten unter euch. Ich weiß nicht, ob du die Geschichte der Österreicherin Inge Sargent kennst, die einen Shan-Prinzen hei-

[11] Markus 1,23-34

ratete. Sie erlebte einmal bei diesem Volksstamm in Burma, wie eine ihrer Haushilfen, die noch nie zuvor im Ausland war und weder lesen noch schreiben konnte, plötzlich in verschiedenen Sprachen zu reden begann. Für die Shan war das nichts Ungewöhnliches. Aber für eine gute Katholikin war es eine ziemliche Überraschung.

Zumindest konnte sie sicher sein, dass es Dämonen gibt.

Sie kann es mit Gewissheit sagen. Und muss es nicht glauben, richtig.

Hat das ihr weiteres Leben beeinflusst?

In Europa hatte man ihr beigebracht, dass Geister nur in Märchen vorkommen. Das wurde kulturell akzeptiert. Jetzt fiel diese Schranke in ihr. Natürlich hat dieses Erlebnis sie erschreckt. Aber jetzt akzeptierte sie, dass es noch eine andere Wirklichkeit gibt. Es war eine Art Erkenntnissprung für sie. Geister zu erkennen fällt dann nicht mehr ganz so schwer.

Gestatte mir, dass ich stellvertretend für alle Zweifler lächle.

Das ändert nichts daran, dass es überall auf der Welt freundliche und unfreundliche Geister gibt. Gewöhnlich merkt ihr nichts von ihrer Anwesenheit. Nur dann, wenn wie bei der Erfahrung der Shan-Prinzessin ein Geist direkt vor deinen Augen von jemandem Besitz ergreift.

Hat Inge Sargent nicht an ihrem Verstand gezweifelt?

Sie war ja bereits eine starke Seele und hatte mit dem Glauben viel weniger Probleme, als du sie offenbar hast.

Deine Lehre macht es einem aber auch schwer. Geister kann ich sehen oder hören, aber Gott will unerkannt bleiben.

Das ist erst mal eine Behauptung. Ich höre ...

Der emeritierte Papst Benedikt XVI. trägt Prada ...

... ich dachte, das tät nur der Teufel ...

... schön, aber was trägt Gott?

Na, dich.

Ich meine, wie sieht er aus? Wie kann ich ihn mir vorstellen, wenn er sich nicht gerade in eine dichte Wolke hüllt und im Feuer kommt, in so einer Art Energiebombe?[12]

Wie sollte er denn sonst kommen?

[12] Exodus 19,9; Exodus 19,18

WORAN ERKENNE ICH GOTT, WENN ICH MIR KEIN BILD VON IHM MACHEN DARF?

Ist nicht allein die Frage schon ein Verstoß gegen das zweite Gebot? Ich soll mir kein Bildnis von Gott machen weder am Himmel …

… noch unter der Erde. Ja, und? Worum geht's dir wirklich?

Mir leuchtet nicht ein, wieso Gott partout nicht will, dass man ein Bild von ihm anbetet.

Ich würde sagen, du hast dir mit der Frage auch gleich die Antwort gegeben.

Wieso?

Anbetung ist etwas für einen Gott unter Göttern, nicht aber für den einen und einzigen Gott selbst. Das Bilderverbot ist ein radikaler Bruch mit einer Welt der rachsüchtigen und manchmal auch reichlich dummen Götter. So gesehen stellt also der bewusste Verzicht auf ein Bild eine radikale Mentalitätswende dar. Es gibt aber noch einen anderen, ganz praktischen Grund. Gott ist der Einzige, der alles verkörpert. Wozu ein Bild vorgeben, wenn alles ein Bild von ihm ist? Selbst wenn du also wolltest, könntest du ein Abbild Gottes nicht malen. Es müsste das Stirb und Werde umfassen ebenso wie Licht und Schatten, alles und das Nichts. Wie würdest du so ein Bild machen? Welcher Künstler sollte es malen oder in Stein hauen? Die menschliche Vorstellungskraft ist dazu nicht geschaffen.

Selbst heute nicht? Vielleicht sollten wir mal einen Supercomputer mit ausreichend Grafikprozessoren ranlassen?

Auch der schnellste Supercomputer der Welt oder ein Jahrtausend mehr oder weniger machen da keinen Unterschied. Denn du gleichst stets nur dem Teil, den du begreifst, wie es so schön heißt. Das Bild Gottes wird also immer nur ein Spiegel deiner Zeit bleiben. Wenn du es dir einfach machen willst, betrachte das Universum, da hast du ein Bild von Gott. Betrachte einen Menschen, da hast du ein Bild von Gott. Betrachte die Liebe, da hast du noch ein Bild von Gott. Aber das Problem ist: Auch alles, was du nicht sehen oder fühlen kannst, ist ein Bild von Gott.

Wenn wir nach dem Ebenbild Gottes geschaffen worden sind, soll das Verbot der Bilderverehrung womöglich verhindern, dass wir uns selbst anbeten. Zumindest hab ich das immer angenommen.

Zweifellos. Wenn du dir überlegst, zu welchen blutigen Auseinandersetzungen die Auslegung des Wortes Gottes geführt haben, ob Priester Bärte tragen, heiraten dürfen oder was auch immer, dann wäre der Streit um das wahre Bild Gottes Anlass zu einem viel größeren Krieg. Am Ende hätte aber nicht mehr die eine Glaubensrichtung gegen die andere gestanden. Der Sieger hätte versucht, sich mit seiner Deutungshoheit zum Weltherrscher aufzuschwingen. Und dann wäre es nur eine Frage der Zeit, bis er versuchen würde, dem Beispiel Luzifers zu folgen, Gott seine Rolle streitig zu machen.

Möglich. Genauso gut könnte man aber auch sagen, dass das Durchsetzen des Bilderverbots ebenso zur Erlangung der Weltherrschaft missbraucht werden kann. Aber eigentlich ist die Sache doch viel einfacher. Du hast Gott leibhaftig gesehen. Warum beschreibst du ihn nicht einfach für uns? Wir bräuchten uns kein Bild zu machen. Wir hätten dann eins, das der Wahrheit entspricht.

Glaubst du wirklich, dass du deinen Vater besser beschreiben könntest, als das deine Mutter könnte? Glaubst du, dass dein Bild richtiger, wahrer oder vollkommener wäre als ihres? Wenn du das tust, überschätzt du meine Fähigkeiten. Mein Bild von Gott ist ebenso wenig vollständig oder allumfassend wie das eines jeden anderen. Auch ich als sein Sohn habe nur die Seite gesehen, die er mir offenbart hat. Aber, da du darauf bestehst, würde ich es vielleicht so beschreiben: Er ist dein Haar, dein Auge, deine Fantasie. Er ist aber auch deine Art, zu denken. Das Einmalige an Gott ist seine physische Gestalt, die Staubkorn und Universum zugleich ist. Ebenso wie Materie und Reflexion über die Materie zugleich.

Trotzdem. Ein Bild würde vieles erleichtern. Man wäre nicht gezwungen, sich auf Symbole zu fokussieren, wie beim Abendmahl.

Wieso betrachtest du das Verbot nicht als Freiheit?

Wozu sollte das denn gut sein?

Weil das Bilderverbot dir keinen Zwang auferlegt. Es hebelt den Zwang aus. Nimm einmal an, Gott wäre klein und dick, dann würde es das Weltbild der langen Dünnen erschüttern. Sie würden Gott ablehnen, bloß weil er nicht so aussieht wie sie. So, und jetzt stell dir vor, Gott wäre schwarz. Für die Weißhäutigen wäre das ein ziemlicher Schreck.

Es ist doch seltsam, dass wir uns Gott immer als Menschen vorstellen. Aber der Schöpfer des Universums muss ja keine menschlichen Züge haben. Er könnte ja auch wie ein Neutrino aussehen. Ein Lichtpartikel, das die Materie durchflutet.

Erwartest du etwa Güte und Nachsicht von einem Atom? Du bist nun mal ein Gefangener deiner Vorstellungswelt.

Also ich darf ihn nicht malen?

Mal ihn wie du willst.

Auch als grimmigen alten Mann mit einem Rauschebart, den uns die Maler der Renaissance vorgesetzt haben?

Da siehst du, was das Bild des grimmigen Gottvaters mit dir macht. Durch diese fixen Bilder im Kopf hast du Angst vor ihm. Du fürchtest dich vor einem Vater, der für seine Kinder da ist.

Dann eben als Atomskulptur oder wie ein Bild von Mark Rothko.

Wie auch immer du es drehst oder wendest. Jede Skulptur, die du anbetest, macht Gott austauschbar. Jedes Bild ist Begrenzung auf eine individuelle Vorstellungswelt. So gesehen gibt dir das Verbot eine viel größere Freiheit.

Aber was haben die Engel, dass sie ihn schauen können? Eine besondere Sonnenbrille?

(LACHT) Zu doof.

O.k. Ich Mensch kann Gott nicht sehen, aber zumindest kann ich mir seine gesammelten Werke ins Buchregal stellen. Da stehen sie dann zwischen Lebenshilfe und Fantasyroman. Wenn du für die Gottessucher einen Ratgeber schreiben würdest, was steht da drin?

Ein einziger Satz: Lest die Bibel.

DARF MAN DER BIBEL GLAUBEN?

Die Bibel? König Herodes musste in ihr für die Abschlachtung von unzähligen Neugeborenen herhalten[13]*, obwohl er zur Zeit deiner Geburt schon gar nicht mehr lebte. Willst du mir das bitte einmal erklären?*

Lies die Bibel nicht wie einen Forschungsbericht.

Aha. Und wem soll ich glauben, wenn schon bei Gottestexten Fehler zu entdecken sind?

Gottestexte sind Menschenwerk. Wenn Geschichten über Jahrhunderte nacherzählt und immer wieder abgeschrieben werden, schleichen sich viele Fehler ein. Aber im Vergleich zu einer normalen Zeugenbefragung sind die biblischen Widersprüche prozentual fast schon zu vernachlässigen. Oftmals sind Begebenheiten auch mit Absicht verändert worden, um eine bestimmte Sichtweise auf mein Leben zu manipulieren.

Darf ein Buch, das als »Heilige Schrift« bezeichnet wird, so manipulieren?

Stell dir die Bibel einfach wie eine Leinwand vor, die von unterschiedlichen Künstlern oftmals übermalt wurde. Wenn du kein Brett vor dem Kopf hast und ohne ideologische Verklemmung an die Texte herangehst, wirst du die Manipulationen schnell durchschauen.

Das ändert nichts an der Frage: Wie viel Wahrheit steckt im Buch der Bücher?

[13] Matthäus 2,1-22

Das Buch ist die Wahrheit. Die Frage nach dem Gehalt an Wahrheit stellt sich also nicht. Außer vielleicht für den, der in den Aussagen Widersprüche sucht, um die Wahrheit nicht anerkennen zu müssen.

Und, die wäre?

Es gibt keine Welt ohne Gott. Wer etwas anderes glaubt, macht sich etwas vor.

Darf ich daran zweifeln?

Ich bitte darum. Ich hätte nicht geboren werden müssen, wenn das richtig verstanden worden wäre.

Jesus, das gibt die Note 1 in apostolischer Lehrmeinung. Mich wundert nur, wie gelassen du damit umgehst, dass wichtige Aussagen von dir wie zum Beispiel die im Thomasevangelium über Jakobus in der Bibel unter den Tisch gekehrt wurden.[14] *Er soll dein leiblicher Bruder sein und war der erste christliche Bischof in Jerusalem. Nicht Petrus wie von der katholischen Kirche behauptet. Woher dieser Anflug von Milde?*

Gott ist ja nicht weniger Gott, nur weil die Kirche gezwungen war, Politik zu machen, damit sie ihr Überleben in den Jahrhunderten sichern konnte.

Das willst du jetzt aber nicht allen Ernstes rechtfertigen, oder?

Rechtfertigen nicht, ich will nur versuchen, es zu erklären. Denn nach meinem Tod stellte sich zwangsläufig die Frage, wie das Evangelium weiter verbreitet werden sollte. Den Jüngern stan-

[14] Thomasevangelium, Logion 12

den drei Wege offen. Sich in einer autarken Gemeinschaft abzukapseln und nur Auserwählte einzuweihen. Sich als lehrende Bettel-Mönche durchzuschlagen. Oder eine Kirche aufzubauen. Der Weg von Petrus und Paulus sollte sich durchsetzen. Die Kirche braucht aber den Schutz einer höheren Macht, wenn sie nicht von einer anderen unterjocht werden soll. Und diese höhere Macht, die die Kirche fundamental beschützte, waren die Worte der Bibel. Die mussten auf Wirkung hin abgeklopft werden. So ist es nicht verwunderlich, dass du nicht alle Aussagen von mir in der Bibel findest. Luther stand übrigens vor der gleichen Schwierigkeit.

Hey, bist du überhaupt der echte Jesus vor mir oder bloß der kirchlich abgesegnete? Ok., ok., war ein Scherz. Irgendeine Chance, wie man zu einem wahrhaftigeren Jesus-Bild kommt?

Ich sitze vor dir. Reicht das nicht?

Als wäre ich bei deiner Bergpredigt dabei. Und da könnte man fast Angst davor bekommen, dir gegenüber zu sitzen. Da hast du zum Beispiel auf die Einhaltung eines gnadenlosen Gebotes bestanden, nämlich, dass niemand die Ehe brechen darf[15]*. Das hatte zur Folge, dass Menschen über Jahrhunderte mit Schuldgefühlen belastet wurden, weil das für ihr Leben einfach nicht funktionierte. Sogar deine Jünger waren entsetzt, als du es vehement verteidigt hast. Das passt doch überhaupt nicht zu dir. Im gleichen Atemzug hast du aber auch noch gefordert, dass jemand, der dir nachfolgen will, seine Familie aufgeben muss. Aber wenn jemand das befolgt, dann muss er auch die Ehe brechen.*

Du musst eine klare Trennung zwischen Neuem und Altem Testament machen. Dann verschwinden sehr viele dieser Wi-

[15] Johannes 8,1-11

dersprüche. Nimmst du das Neue Testament als Grundlage meiner Lehre, dann meint dieses sechste Gebot: Die Ehe in ihrer höchsten Form ist die Ehe mit Gott. Diese sollst du nicht brechen. Und für den Alltagsgebrauch gilt auch hier das Primat der Güte. Niemand soll die Ehe brechen, aber wer sie bricht, kann bei mir mit unbedingter Vergebung rechnen. Erinnerst du dich an die Geschichte von der Ehebrecherin und meiner Antwort? »Auch ich verurteile dich nicht. Gehe und sündige von jetzt an nicht mehr.« Es ist die Aufforderung zur Vergebung und dass man bei schlimmen Anklagen, denn die Ehebrecherin sollte ja schließlich gesteinigt werden, immer auch die eigenen Sünden mitbedenken soll. Das ist bei dieser Geschichte wichtig, Nicht so sehr die Frage nach einem Ehebruch. Die muss jeder Mensch mit sich selber ausmachen.

Dazu mal eine aktuelle Frage. Heutzutage können in vielen Ländern Menschen, die Menschen ihres eigenen Geschlechts lieben, heiraten. Manche Gläubige sehen in der gleichgeschlechtlichen Heirat einen Angriff auf Gottes Willen. Wie verwerflich ist eine solche Ehe?

Die Liebe unterscheidet nicht, ob Mann und Frau, Frau und Frau oder Mann und Mann einander wollen. Liebe ist Liebe und Heirat ist Heirat. Homosexualität? Wo ist da ein Problem? Wem schadet es, wenn zwei Menschen heiraten? Begehen sie dadurch ein Verbrechen? Hassen sie dadurch andere? Schänden oder schädigen sie dadurch ihre Mitmenschen? Der Wille meines Vaters ist, dass die Liebe siegt.

Dennoch: Sie verletzen die Idee der Heirat, wie sie in der Bibel formuliert ist.

Eine Idee kann man nicht verletzen. Sie ist nur eine Idee, die durch eine andere Idee ersetzt oder ergänzt werden kann. Kannst du eine Idee erschießen oder sie mit einem Knüppel verdreschen? Ihr eine Ohrfeige geben? Sie beschimpfen? Wer meinen Ideen folgt, darf alles tun, um die Freude am Leben zu teilen.

Aber auch hier wird die Bibel als Zeugin angegeben.

Ich habe das dann korrigiert und klar gestellt: »Manche Menschen sind von Geburt aus zur Ehe unfähig.« Wie die gleichgeschlechtlich Liebenden. »Manche sind von den Menschen dazu gemacht.« Das sind zum Beispiel die Eunuchen, die es zu meiner Zeit noch überall gab. »Und manche haben sich selbst dazu gemacht – um des Himmelreiches willen.« Das sind Priester, Nonnen, Mönche oder Eremiten. Sie haben sich von ihren persönlichen Leidenschaften losgesagt, um ganz für ihren Glauben da zu sein. Alle diese haben mit der Ehe, wie sie üblicherweise nur für Mann und Frau verstanden wird, nichts am Hut. Ich hab's dann noch mal pointiert: »Wer das erfassen kann, der erfasse es.«[16]

In vielen Kulturen gehört auch heute noch die Zwangsheirat zur Norm. Es ist dabei durchaus üblich, ein zehnjähriges Mädchen zur Ehe mit einem Mann zu nötigen, für den es nichts empfindet. Wird das nicht auch durch die alten Bibelworten abgesegnet?

Die Zwangsheirat ist die übelste Form, in die ein Kind von der Liebe, der Lust und einer glücklichen und selbstbestimmten Zukunft getrennt werden kann. Diesem Mädchen wird großes Leid angetan. Das ist durch keine soziale Norm und keine Bibelstelle zu rechtfertigen. Ein Leben hat nicht nur der Fortpflanzung zu dienen.

[16] Matthäus 19,11-12

Na ja, oft geht es um einen einfachen Handel wie früher beim europäischen Adel. Und die Liebe kann trotzdem nach solch einer Heirat entstehen. Beispiele gibt es auch dafür.

Ich bestreite ja nicht, dass es vorkommen kann, dass sich zwei gleich gesinnte Seelen auch durch einen solchen Heiratshandel finden. Aber das sind Ausnahmen. Kein Mensch, egal ob männlich oder weiblich, darf ein Tauschobjekt sein. Das Opfer hat jedes Recht, diese Heirat für ungültig zu erklären und den Ehepartner zu verlassen. Eine solche Ehe wird vor Gott nicht anerkannt.

Wundert es dich, dass es so etwas noch gibt und viele Frauen, denen so etwas widerfährt, ihren Lebensmut verlieren?

Es entsetzt mich. Das ist so schlimm wie Sklavenhandel. Aber bei unterentwickelten Gesellschaften zählt eben nur der männliche Nachkomme.

Sehr angenehm für die Männer.

Das nächste Mal komme ich als Frau auf die Erde. Oder als Transvestit.

Ultraorthodoxe Juden im heutigen Israel wollen Frauen das Singen verbieten, weil es angeblich zu unreinen Gedanken verführt. Auch da berufen sie sich auf die Bibel. Was würdest du heute tun?

Ich würde mit Frauen singend durch die Straßen von Jerusalem ziehen und in den Vierteln dieser Psychoterroristen ein Konzert mit Frauenbands veranstalten. Wenn's sein muss, singe ich auch Sopran.

Hübsche Idee. Aber wurden nicht auch im Neuen Testament die Frauen fürchterlich behandelt? Ich zitiere deinen Paulus: »Dass eine Frau lehrt, erlaube ich nicht, auch nicht, dass sie über ihren Mann herrscht, sie soll sich still verhalten.« Das schreibt er im Brief an Timotheus.[17] *»Der Mann darf sein Haupt nicht verhüllen, weil er Abbild und Abglanz Gottes ist; die Frau aber ist der Abglanz des Mannes.« Das schreibt er im Brief an die Korinther.*[18] *»Ihr Frauen ordnet euch euren Männern unter wie dem Herrn (Christus); denn der Mann ist das Haupt der Frau, wie auch Christus das Haupt der Kirche ist«. Das schreibt er im Brief an die Epheser???*[19]

Lies ein wenig weiter: Auch ich darf ihn zitieren: »Darum sind die Männer verpflichtet, ihre Frauen so zu lieben wie ihren eigenen Leib. Wer seine Frau liebt, liebt sich selbst.« Allerdings, wenn du diese Texte aus ihrem historischen Zusammenhang löst, in dem das Patriarchat weitgehend unumstritten war, klingen sie schrecklich.

Die Vorschläge von Paulus hinsichtlich des weiblichen Geschlechts klingen auch so schrecklich. »Frauen sollen sich in allem den Männern unterordnen.« In allem!

Mich nerven diese Briefstellen. Ich stelle mir nur vor, ich bin eine Frau und bekomme so was zu lesen. Das wäre ein ausreichender Grund für eine solidarische Geschlechtsoperation, nur dass dann leider die Männer aussterben würden. Paulus war kein Weiberheld und kein Frauenfeind. Aber einige seiner Nachfolger, die seine Briefe ergänzt oder andere Briefe unter seinem Namen geschrieben haben, begriffen solche Stellen wie

[17] 1 Timotheus 2,12

[18] 1 Korinther 11,7

[19] Epheser 5,22-23

die »Unterordnung der Frau unter den Mann« als Bild für den Schutz der verletzlichen, jungen Kirche, also der Frau, unter Gott, dem Mann.

Und warum wird dann verboten, dass Frauen in der katholischen Kirche lehren dürfen?

Das verstehe ich auch nicht. Der Grund ist wohl eher banal. Die Männer sollen davor geschützt werden, beim Anblick einer Priesterin eher an deren Figur zu denken als an Gottes Botschaft.

Der Evangelist Thomas ist der einzige, der Frauen als gleichberechtigt behandelt und sie auffordert, sich »männlich« zu machen, das heißt, selbstbestimmt zu handeln.

Er zitiert mich richtig. Jede Frau, die um ihre Freiheit und Gleichheit kämpft, hat kapiert, was Gott will, und ihn auf ihrer Seite.

Dieses sogenannte fünfte Evangelium des Thomas wurde nicht in den Kanon der heiligen Schriften aufgenommen. Vielleicht wegen seiner klaren Position zur Frauenfrage? Nicht problematisch scheint dagegen, dass die heilige Bibel mit Geschichten gespickt ist, die an manchen Stellen dermaßen grausam sind, dass die Lektüre für Kinder verboten werden sollte.

Zu Recht.

Bitte?

Kinder brauchen das noch nicht zu wissen. Aber eure Märchen sind auch nicht jugendfrei. Die Oma brät ihre Enkel im Backofen, der Wolf frisst kleine Mädchen ...

Eines erstaunt mich an diesem Buch immer wieder: Je öfter man es liest, desto mehr wächst seine Bedeutung über das eigene Leben hinaus.

Der Grund ist ganz einfach. Die Bibel ist das Buch, in dem alle Möglichkeiten, die ein Mensch zu fühlen, zu denken und zu handeln imstande ist, aufgeschrieben sind. Das reicht vom brutalen an die Wand Klatschen von Babys bis hin zur Selbstopferung für eine große Idee. Von Regeln zur friedlichen Gestaltung des Alltags bis hin zum Zweifel am Sinn des Lebens. Vom Ursprung der Welt bis hin zu den Bildern der Endzeit. Mehr Erkenntnis in einem Buch geht nicht.

Und deswegen lassen wir ihre Widersprüche unter den Tisch fallen? Und lesen die nächsten 2000 Jahre eine Bibel, die auf den alten Unzulänglichkeiten beharrt?!

Auch wenn ich mich wiederhole. Der Gottestext ist nun einmal in vielerlei Hinsicht Menschenwerk. Nur ein Narr würde das leugnen. Aber nicht jedes Mal, wenn du Absicht vermutest, steckt auch Absicht dahinter. Wenn du darauf pochst, dass sie so viel Wahrheit wie ein Forschungsbericht enthalten soll, würden viele der verborgenen Resonanzräume, die du nicht sehen, aber mit deiner Intuition entdecken kannst, verloren gehen. Dann wäre sie auch nicht mehr das Buch der Bücher, sondern so, wie eines dieser klugen und spannenden Sachbücher von heute. Alle interessant anzudenken und sehr komfortabel zu lesen, sicherlich. Aber dennoch ohne die absolute und fortschwingende Hingabe der vielen Autoren und Kopisten, die danach trachteten, die Geschichte um Gott aufzuschreiben, weil sie das Gefühl hatten, dass diese im Strudel der Zeit nicht verloren gehen dürfe.

Du bist gegen eine neue Bibel?

Wohin soll das führen? Durch eine dickere, richtigere oder heiligere Schrift wird es nicht mehr Gläubige geben. Das löst doch nicht die Fragen der Zeit. Die Fragen haben sich ja nicht verändert. Es braucht also keine neuen Antworten, weil es die alten ja immer noch tun. Also wozu das Ganze? Und zudem: Das Buch der Bücher kann es doch logischerweise nur einmal geben. So wie dich.

So einmalig wie die Bibel ist ja auch Gottes auserwähltes Volk Israel. Sehe ich das recht? Du siehst ein bisschen genervt aus bei dieser Frage.

ISRAEL. AUSERWÄHLT FÜR IMMER?

Wundert dich das? Ich versuch's mal ohne Emotionen ... Es gab eine Abmachung zwischen den beiden: Das auserwählte Volk erkennt meinen Vater als einzigen Gott an. Es hält ihm die Treue. Er erlöst es von den Übeln der Welt, von Kriegen und Missernten. Er schützt es vor Krankheiten. Er schenkt ihm gutes Land. Die Juden dürfen die volle Zahl ihrer Lebenstage erreichen. Sie müssen keine Wiedergeburten mehr durchlaufen.

War wohl kein gutes Angebot. Vielleicht war Gott auch betriebsblind, denn die Menschen damals müssen schwer zu zügeln gewesen sein.

Die Stämme Israels haben einen ungeheuren Freiheitswillen. Deswegen hat Gott sie als Partner gewählt. Auch er weiß, je schwerer die Aufgabe, umso reicher die Ernte. Mein Vater wollte ein Reich von Priestern und ein heiliges Volk. So wünscht er sich die Menschen. Die Juden sollten beweisen, dass sie den hohen Anforderungen gewachsen waren. Deswegen die klaren und eindeutigen Gebote. Zudem hatten zwei Religionen in Asien bereits eine Lebensform hervorgebracht, die ebenfalls Ideen der Allmacht Gottes und deren Manifestationen beschrieb. Sie gingen früher schon ihren eigenen Weg. Die Buddhisten mit Sanftmut und die Hindus mit dem Wissen um einen reich gefüllten göttlichen Kosmos.

Warum dann der ganze Stress mit Israel?

Vergiss nicht, die Israeliten waren Gottes Supertest. Doch sie haben sich den Vereinbarungen mit ihm oft widersetzt Mein Vater musste einsehen, dass seine Kinder ihren eigenen Kopf haben, mit dem sie oft durch die Wand wollen. Aber auch für ihn gilt

»Scheitern als Chance«. Ich habe ihm bewiesen, dass er auf jeden Einzelnen setzen und damit Erfolg haben kann.

Israel ist kein auserwählter Stamm mehr?

›Israel‹ heißt so viel wie ›Gott kämpft‹. Gott kämpft inzwischen um jeden Menschen.

Ging es nicht eher darum, dass Gott ein eifersüchtiger Gott war und keine anderen Götter neben sich wollte?

Ja, Gott musste um die Wahrheit seiner Einzigartigkeit kämpfen. Aber eifersüchtig waren die Hohepriester. Sie duldeten niemanden über sich. Sie versetzten mit diesem Jahwe das einfache Volk in Angst und Schrecken. Sie logen und erfanden in seinem Namen Gräueltaten und Monsterpersonal, die sie zur Unterdrückung einsetzten. Wie sehr mussten sich die Menschen nach einem Befreier sehnen. Einem neuen König der Juden, einem Messias.

Moment bitte. Die Hohepriester und Schriftgelehrten haben Gott immer angebetet.

Lippenbekenntnisse. Worte lassen sich leicht verknoten. Die fantastischen Gebilde, die daraus entstehen, haben aber nichts mit der Wahrheit zu tun. Der übliche Trick von Halunken, damit sie heute nicht mehr an dem gemessen werden können, was sie gestern getan haben.

Was du nicht willst, das man dir tu, das füg auch keinem andern zu?

Ja, in den Taten, die deinen Worten folgen, liegt dein Schicksal. Das gilt aber nicht nur für einzelne Menschen, sondern auch für Gesellschaftssysteme. Jedes Volk hat ein Karma.

An ihren Taten wurde auch das heilige Volk gemessen?

Zum Glück hatten die Juden eine mächtige Seele wie Moses. Ohne ihn und sein stetiges Eintreten für seine Leute hätte mein Vater den Glauben daran verloren, ein ganzes Volk zu finden, das ihn verstand.

Warum fiel die Landwahl des auserwählten Volkes auf Palästina? Warum nicht Amerika oder Indien oder sonst wo auf der Welt?

Um Palästina herum hatten sich damals zivile Kulturen entwickelt, die die Erkenntnis, wer Gott wirklich ist, vorbereiteten. Die Ägypter verehrten Götzen in Form von Tiersymbolen. Moses konnte die Wirkungslosigkeit solcher Kultfiguren beweisen. Die Sumerer hatten dort die Keilschrift entwickelt. So konnte Moses die Gebote eines einzigen Gottes auf Steintafeln schreiben und den Monotheismus durchsetzen. Die großartigsten Bauwerke ihrer Zeit hatten Assyrer und Babylonier errichtet. Aber ihr technischer Hochmut war so anmaßend, dass sie sich für größer als Gott hielten. Der Turmbau zu Babel konnte somit als Urbild für eine gottlose, degenerierte und zudem waffenstarrende Weltmacht herhalten. Israel sollte so ganz anders sein und dieses Anderssein in die Welt tragen. Die Juden sollten ein Vorbild für den Rest der Menschheit sein.

Vielleicht waren die Israeliten auch noch nicht reif für diesen Plan?

Möglich ... Er ging bewusst das Risiko ein, dass sich sein auserwähltes Volk gegen ihn entscheidet. Das machte ihn verwundbar.

Ein verwundbarer Gott?

Kannst du dir einen Götzen mit dieser Eigenschaft vorstellen?

Nun ja ... er hatte auch andere. Wenn ihn zum Beispiel ein Fürst Israels, der dem Götzenkult verfallen war, erzürnte, drohte er nicht nur diesen, sondern auch dessen Untertanen wie Kot hinwegzufegen, bis nichts mehr vorhanden ist.[20] *Das sind noch relativ höfliche Formulierungen. Warum fiel er immer wieder auf falsche Führungskräfte herein?*

Wer liebt, gibt sich für den anderen auf. Nimm es wie ein Beispiel aus deinem Leben. Du liebst jemanden, und dann wird der oder die andere einmal untreu. Die wenigsten haben dann die Größe und lassen es geschehen. Sie beginnen zu wüten und sich in ihrer Verletzung einzukapseln oder auf Rache zu sinnen. Liebe glaubt auch im Dunkeln an das Licht. Daran kannst du sie messen. Gott musste das auch erst einmal lernen. Zu dieser Zeit hatte er wohl eine Art Tunnelblick. Er sah sich als ein vollkommen hingebender Knecht und wollte dafür auch entlohnt werden.

Als Knecht war dein Vater aber wahrlich nicht ohne Selbstbehauptung. Als die Israeliten einmal vom Manna genug hatten und gierig nach Fleisch schrien, hat er so viel Fleisch versprochen, bis – ich zitiere – »es euch zum Hals heraushängt und ihr euch davor ekelt.«[21]

Das auserwählte Volk wollte alles ganz schnell und auf einmal haben. So wie ein Sportler, der glaubt mit dem Lesen des Trainingsplans wäre er schon Weltmeister. Und den Trainer dafür verantwortlich macht, wenn's so nicht klappt.

Dieser Bund bestand für die Israeliten später aber hauptsächlich aus kultischen Regeln wie Reinheitsbestimmungen und Schuldop-

[20] 1 Könige 14,10

[21] Numeri 11,19-20

fer. Da waren den Interpretationen Tür und Tor geöffnet. Israel hin oder her. Solche Gesetze richtig anzuwenden – das schafft kein Volk. Wie sollte so etwas gut gehen?

Gar nicht. Diese Regeln sind bis heute wie ein schlechter Kropf. Mehr als der Zehn Gebote bedarf es nicht. Sie formulieren eine gerechte Ordnung für die Welt und ihr Verhältnis zu Gott. Das wurde zu Moses Zeiten eindeutig fixiert. Klare Worte. Fair. Unmissverständlich in Stein. An jemanden übergeben, der kompetent war. Was vor über dreitausend Jahren in den Zehn Geboten formuliert wurde, hat Eingang in die heutige Rechtsprechung der Völker gefunden. Warum wohl wurden gerade diese zum Teil der Identität und des Anstands der Menschheit?

Danke ans auserwählte Volk. Wie sieht Gott den Staat Israel heute?

Die Israelis wie manch andere Völker in ihrer Nachbarschaft sind nicht gerade begabt fürs »Karma-cleaning«. Manchmal wünscht mein Vater, er könnte ihnen noch einmal Moses schicken. Aber die Chance ist vorbei.

Hey. Der Mann ist Gott. Warum klont er Moses Seele nicht. Und schickt sie noch mal auf die Welt?

Tut er doch. Wenn du zu blind bist, all die heutigen Moses-Seelen zu sehen, dann liegt es entweder an deinem Fernsehsender oder weil du nicht hingucken willst, weil es nicht in dein negatives Menschenbild passt. Der Jude Moses war selbstlos und sprach eine klare Sprache. Er war der demütigste Mensch auf der Erde. Oft verzweifelte er an der Dummheit seiner Leute und beschwerte sich bei meinem Vater über die Unmöglichkeit seiner Aufgabe und die hohe Bürde der Gesetze. Auch da war er ehrlich. Aus diesem Grund hatte Gott ihn zum Führer ausgewählt.

Er sollte ein Beispiel für alle Menschen sein, die andere führen wollen.

Führungspersönlichkeit und Demut? Auf der einen Seite der Erste zu sein und auf der anderen der Letzte? Wer schafft diesen Spagat?

ZEIT FÜR EINEN MOSES?

Bislang nur wenige, denn wer ein Land führen will, sollte als erstes seinen Narzismus auf die Probe stellen, indem er sich selber ehrlich im Spiegel betrachtet. Dann gilt es die Lust an der Macht bezwingen. Dann seine Eitelkeit. Freiheit, Gerechtigkeit und die Würde des Menschen sind für ihn ein Geburtsrecht. Dafür steht er mit seinem Leben ein.

Politiker oder Prediger kann jeder werden, der sich berufen fühlt. Dazu braucht es in vielen Ländern nicht mal ein polizeiliches Führungszeugnis. Woher soll jemand wissen, ob er so was wie ein Moses ist?

Das wissen er und du erst hinterher. Dennoch solltest du seinen Mut respektieren, sich für andere einzusetzen. Das heißt aber nicht, ihm unbedingt alles zu glauben, bloß weil er diesen Mut besitzt.

Glauben. Gutes Stichwort. Gott setzt es immer wieder drauf an, dass man ihm glaubt. Die wundersamen Ereignisse können dazu gar nicht groß genug sein. Moses trat sogar in einen Wunderwettstreit mit den ägyptischen Magiern. Mal ehrlich, hat er das wirklich nötig?

Rationalismus ist eine gute Sache. Aber nimm einmal an, bei dem Wettstreit um die beste Lösung geht es zu wie in einer Talkshow. Alle reden durcheinander und beharren auf ihren Positionen, ohne dass tatsächlich etwas vorwärts geht. Wünschst du dir nicht manchmal ein Wunder? Ein Wunder wirkt wie ein Brandbeschleuniger für die Erkenntnis. Und bringt die Sache auf den richtigen Weg. Und dann ist es egal, ob jetzt wie bei Moses der Holzstock zur Schlange oder wie im Märchen der Frosch zu einem schönen Prinz wird.

Wunder? Magie? Wo ist der Unterschied? Ich soll beeindruckt werden, damit ich zum Glauben finde. Aber auch hier bleibt die Frage ungelöst, die wir schon beim Dämon hatten. Also: Wie kann ich den echten Moses vom falschen Magier unterscheiden?

Da kann ich dir nicht helfen. Aber betrachte Wunder einmal als Aufhebung der Normalität. Oder als Unterbrechung dessen, was du für Normalität hälst. Menschen können über Feuer laufen, du kannst mit der Hand einen Ziegel spalten, dir ein Messer durch die Rippen stechen, ohne dass Blut fließt. Da siehst du, was trotz Rationalismus und Physik möglich ist, ohne dass Gott seine Hand im Spiel hat.

Na schön. Aber: Moses konnte mit Gott persönlich reden. Der musste also nicht glauben, dass es ihn gibt. Er wusste es. In dieser glücklichen Lage ist heute keiner mehr von uns.

Moses hätte das als Traum abtun und sich anders entscheiden können. Er hätte sich als Herrscher mit göttlichem Wissen aufspielen können. Er hätte all die Wunder, die er im Auftrag meines Vaters verrichtete, als sein eigenes Werk ausgeben und sich und seinen Nachkommen somit ein gutes Einkommen sichern können. Moses ist das beste Beispiel, wie ein Staatsgestalter sich verhalten sollte.

Ist die Messlatte nicht zu hoch?

Aber warum? Moses war ja auch Gott gegenüber immer ein streitbarer und manchmal aufbrausender Charakter. Moses wusste, warum er Gott nicht schonte. Der wollte, dass Gott etwas bewirkte. Und er sollte es ja auch bekommen. Moses konnte deswegen – und das ist vielleicht das Besondere, wenn Gott sich von der Rechtschaffenheit eines Partners einmal überzeugt hat – ungestraft, als die Israeliten mal wieder wie närrisch um das goldene Kalb herumtanzten, die beiden Steintafeln der Bundesurkunde, die mein Vater eigenhändig beschrieben hatte, voller Zorn zerschmettern.[22] Gott verstand, warum Moses ausrastete, und schrieb ihm daraufhin anstandslos zwei neue Tafeln mit demselben Text.

Was erwartet Gott heute von uns?

Gott will, dass ihr endlich sein Angebot annehmt. Ihr sollt nicht um seine Gnade buhlen, auch nicht um seine Zuneigung schleimen oder euch vor ihm auf den Boden niederwerfen, sondern ihm beweisen, dass ihr seine würdigen Kinder seid. Habt mal Mut, ihn anders zu sehen, als wie er euch vorgesetzt wird. Ich sehe, dass vielen von euch das Wissen um den Sinn des Lebens abhanden gekommen ist, also fragt Gott nach diesem Sinn. Ihr jammert, weil ihr in einer gewaltigen Finanzkrise feststeckt? Dabei seid ihr schon längst in der Falle einer Glaubenskrise.

Sorry, aber das ist ein arg weit gespannter Bogen. Was hat eine Finanzkrise mit einer Glaubenskrise zu tun?

Ihr doktert da an einer Finanzkrise herum, die eigentlich nur ein weiteres Symptom für die Glaubenskrise ist, in der ihr euch seit der Industrialisierung befindet. Eure Börsen sind das neue goldene Kalb. Ihr steckt spirituell und ideell fest. Ohne ein intensives Gespräch mit Gott lässt sich das meiner Meinung nach nicht lösen.

Und deswegen brauchen wir einen Moses?

Nein. Moses sollte beweisen, dass die Liebe keine Einbahnstraße ist, sondern in beide Richtungen funktioniert. Aber die Frage ist: Schafft ihr es, Gott zu lieben?

[22] Exodus 32,19

KANN DIE WELT SCHLECHT SEIN, WENN DAS MEIST GESUCHTE WORT LIEBE IST?

Ein Gott, der geliebt werden will, ertränkt, so mir nichts dir nichts, seine Kinder?

Das hat eine Vorgeschichte. Kain hatte die Monster entfesselt, als er Adam erschlug. Er durfte weiterleben, um seine Schuld abzutragen. Er zeugte viele Kinder. Ihr Alltag bestand aus unbarmherzigen Grausamkeiten. Eine widerliche Brut von Mördern, ohne jegliches Mitgefühl. Sie köpften ihre Nachbarn, sie vergewaltigten Kinder und brüsteten sich mit ihren Verbrechen und nannten sich Gotteskrieger ... das sollten Kinder Gottes ein? Er beschloss, alle Wesen aus Fleisch endgültig zu vernichten. Dann geschah etwas Ungeheuerliches. Die Liebe in ihm widersetzte sich seinem Plan. Sie überzeugte ihn, dass es noch einen Versuch wert wäre, auf die Liebe der eigenen Kinder zu hoffen. Und so schickte er zwar die Sintflut, ließ aber bekanntermaßen Noach, dessen Familie und jeweils ein männliches und ein weibliches Tier ungeschoren davonkommen. Dann wurde meinem Vater klar, was für ein schrecklicher Gott er selber war. Auch das hatte ihm die Liebe klar gemacht. »Nie wieder soll eine Flut kommen und die Erde verderben«.[23] Mit dieser Zusage endet dann Gottes Rachefeldzug gegen die Menschheit. Der Liebessamen Gottes blieb erhalten und konnte sich ausbreiten. Von dem zehrt ihr noch heute.

Warum Ertränken und nicht Vaporisieren oder eine Feuersbrunst?

Unter den Wassermassen verschwand dieser ganze Menschendreck und Gott musste ihn nicht mehr sehen. Die sintflutartigen

[23] Genesis 9,11-12

Regenfälle, die aus den Urquellen hervorströmten, waren so etwas wie die Tränen Gottes.

Gott weinte?

Na ja, wieso nicht? Er fühlte sich verlassen und betrogen. Er hatte seinen geliebten Geschöpfen ein schönes Leben bereiten wollen. Er war verbittert. Er war einsam. Er war enttäuscht. Es ist, wie wenn Eltern ihren Kinder das Beste bieten wollen und sie von ihnen nur Hass zu spüren bekommen. Wie würdest du dich fühlen, wenn deine Nachkommen Satansbraten sind, die ohne mit der Wimper zu zucken sogar planen, dich umzubringen, um an deinen Besitz zu kommen?

Ist doch irgendwie paradox. Gott ist nicht auf den Menschen angewiesen. Was treibt ihn dazu, uns unbedingt von sich überzeugen zu wollen?

Gott ist auf den Menschen angewiesen, weil er von ihm geliebt werden will. Gott ist wie jeder Vater. Wenn seine Kinder ihn nicht lieben, ist er nicht glücklich. Er kann sich zwar mit irgendwas anderem beschäftigen, aber es bleibt dennoch eine quälende Leere zurück. Ein Schmerz, der aus der zerstörten Einheit resultiert, aus der alles hervorgegangen ist.

O.k. Gehen wir mal ganz an den Ursprung der Liebe zurück. Wo kommt dieses Verlangen nach Liebe in Gott her?

Die Liebe kommt aus Gott und ist untrennbar mit ihm verbunden. Du liebst? Du bist in Gott. Liebe ist der höchste Ausdruck seines Wirkens. Weil er die Liebe ist. So wie er die Luft ist, die du atmest. Oder der Schmerz, den du fühlst. Aber wenn du mich fragst, die Liebe fühlt sich nun mal viel besser an. Zumindest bis zu dem Punkt, wo sie enttäuscht wird. Sieh mich nicht so ungläubig an. Erinnere dich an deine erste Liebe. Hast du diesen Zustand je vergessen? Wo warst du? Wie warst du?

Fragst du mich? Völlig daneben. Ich wollte vor Glück sterben. Aber das war bescheuert. Dann hätte ich ja nichts mehr von dieser Liebesekstase gehabt.

In der Liebe existiert das »Stirb und Werde« gleichzeitig. Eine ungeheure Reibungsfläche, die sowohl körperlich wie metaphysisch bis zur Ekstase führen kann. Einmal davon gekostet, willst du sie bis in alle Ewigkeiten auskosten und gleichzeitig vor Glück sterben. Das ist Gott pur. Mit jedem Neugeborenen kommt diese Ekstase wieder auf die Erde.

Wenn Liebe das Größte ist, warum hat Gott sich dann nicht einen Dauer-Ekstase-Planeten geschaffen?

Auf dem würde ihm das Wichtigste fehlen: der Schmerz der Liebe und dessen Überwindung. Erst dadurch entsteht eine reife Seele. Ohne geht's leider nicht.

Wenn Gott die Liebe ist, dann ist Gott auch der Schmerz?

Ja, ja, ... die Dialektik des Himmels ... Mit dieser Dialektik kommt niemand klar. Auch Gott nicht. Vielleicht beginnt auch bei ihm deswegen die Liebe im Himmel und endet mit Luzifer in der Hölle.

Wie soll ich als kleines Licht auf dieser Welt mit der göttlichen Dialektik zurechtkommen, ohne daran zu zerbrechen, wenn es ihm schon nicht gelingt, mit dieser Spannung von Liebe und Schmerz klarzukommen?

Das frage ich mich auch. Aber ich fürchte, selbst wenn Gott gewollt hätte, hätte er dir diese Dialektik nicht ersparen können. Denn woher willst du wissen, dass etwas schön ist, wenn du nicht weißt, wie es ist, wenn etwas nicht schön. Dein Problem hat Gott also auch. Auch er muss das irgendwie für sich lösen. O.k. Ich sehe schon, das ist nicht die Antwort, die du erwartest. Aber man muss an einer Sache nicht verzweifeln, wenn sie nicht anders geht.

Die bellenden Hunde und der Mond ...

Zweifeln ja, Verzweifeln nein. Denn das Gesetz des Lebens besteht nicht nur im Liebesrausch, sondern beruht darauf, mit den Herausforderungen seiner Zeit zurechtzukommen. Seit der Vertreibung aus dem Paradies hat sich daran nichts geändert. Du kannst dies annehmen oder ablehnen.

Tolle Dialektik. Aber ..., wenn er mein Problem nicht löst, muss ich ihn auch nicht lieben, oder? Anders gesagt, was, wenn ich beschließe, ihn nicht zu lieben?

Super Idee. Aber immerhin. Du zeigst, dass du ihn als gleichwertig ansiehst. Und deine Freiheit wahrnimmst, dich selbstständig für oder gegen Gott zu entscheiden. Vor allem aber, dass du bereit bist, ihn zu sehen. So wirst du zu einer eigenen Persönlichkeit. Dann liebt er dich umso mehr.

Warum ist er so großzügig?

Gott hat die DNA für die Liebe zusammengesetzt. Ihr aber alle Freiheit bei der Kombination der Einzelteile gelassen. Nur so kann etwas Lebensfähiges entstehen. Schlüssel, Schloss und Schloss-Mechanismus passen zusammen. Sodass die Dinge zusammenkommen, die auch zusammengehören. So entsteht durch jede neue Liebe eine andere Farbe der Einheit. Diese macht die Schönheit seiner Kinder aus. Sie ist nicht mehr körperlich, sondern eine strahlende Aura um euch. Auf sie hat Gott sein Auge gerichtet.

Liebe sucht aber auch den Liebesakt. Wie darf ich mir das bei Gott vorstellen?

Du darfst jetzt laut lachen, aber es stimmt: Der Urknall ist der Urorgasmus. Aus diesem Urorgasmus entstehen immerzu neue Welten. Eine grandiose Kernschmelze von Dimensionen und Möglichkeiten. Da werden himmlische Energien und Kräfte freigesetzt, gegen die die Geburt einer Supernova wie das Anzünden eines Streichholzes ist. Diese Ekstase bleibt Gott vorbehalten.

Wie unterscheiden sich Liebe und Verstand?

Liebe ist nicht austauschbar, nicht variabel, sie ändert ihr Wesen nicht. Argumente verfangen bei ihr nicht. Mithilfe deines Verstandes kannst du Gesetze verfassen, den Lauf der Natur beeinflussen und versuchen, dein Leben zu gestalten. Der Verstand kann die Liebe interpretieren und Theorien und Geschichten über sie entwickeln. Aber es ist nicht der Verstand, der weint, wenn ein Liebesfilm dich zu Tränen rührt. Es ist die Liebe in dir, die weint und tanzt und sofortige Erfüllung ihrer Sehnsucht fordert.

Bis zum Umfallen?

Der Verstand gibt schon vorher auf. Er fällt nie in Ekstase. Die Liebe führt in Gottes Schöpfung ein eigenes Leben. Sie entzieht sich jeder logischen Begründung. Keine Macht bezwingt sie.

Die Liebe ist mächtiger als Gott?

Die Frage nach Macht hat da keinen Platz.

Na ja. Aber wenn ich Gott liebe, obwohl ich was Schlimmes gemacht habe, dann liebt Gott mich trotzdem noch wegen der Liebe. Das heißt, die Liebe ist in dem Fall stärker als sein Wille, mich zu strafen. Insofern hat die Frage nach Macht doch ihre Berechtigung.

Gott hat diese Macht an mich abgegeben. Deswegen kannst du noch bei deinem letzten Atemzug um Vergebung für deine Sünden bitten. Sie muss dir gewährt werden. Das ist der Deal der Liebe mit Gott. Er kann der Liebe Macht über sich gewähren. Aber ich frage mich, was du mit dieser Antwort vorhast. Welche Erkenntnis ziehst du daraus, dass etwas mächtiger ist als Gott? Was bringt dir das für dein Leben? Ich sehe hier nur ein bedauerliches Beispiel dafür, wie man sich mit Verstand verrennen kann.

Wenn die Liebe mächtiger ist als Gott und sie das Fluidum für all das Gute in der Welt ist, was, wenn einem Menschen die Liebe versagt bleibt?

Keinem Menschen bleibt die Liebe versagt. Er muss allerdings bereit sein, sich für sie bedingungslos zu öffnen.

Erklär das mal einem pickeligen 16-Jährigen, den kein Mensch anguckt.

Das wäre endlich einmal eine gute Gelegenheit für die Zölibatisten, die in meinem Namen firmieren, tätig zu werden. Öffnet alle Kirchen für Liebessuchende. Schafft dort Gelegenheiten, dass Menschen aufeinandertreffen können, die sich ansonsten nicht trauen, ihre Liebessehnsucht auszuleben. Redet in der Kirche endlich auch einmal unverklemmt über Sex und die Lust am eigenen Körper.

Der Pfarrer als Liebestherapeut?

Liebe kann man nicht therapieren. Sie ist unheilbar gesund.

Ich sehe schon die Schlagzeilen: »Orgien im Beichtstuhl!«

Genau deswegen wird es Zeit, einmal etwas anderes zu propagieren und zeigen, dass Liebe nicht nur aus Sex besteht.

Und all der Liebesschmerz? Ohne ihn gäbe es zwar keine Opern, aber auch weniger Selbstmorde. Wie bist du damit umgegangen?

Liebe ist kein Fast Food. Das habe auch ich lernen müssen. Und gleich im Dreifachpack. Mit Martha und Maria und meinem Lieblingsjünger Johannes. Was haben sich meine Jünger da einzumischen versucht.

Ja, ja. Die Lieben daheim verdoppeln ihn noch. Blöder Schmerz! Kannst du nicht dafür sorgen, dass er abgeschafft wird?

Und dann? Wie wolltest du dann je den Mut finden, dich auf die Reise in die Seele eines anderen Menschen zu machen? Der Liebeschmerz ist dabei wie das Durchqueren einer steinigen Wüste. Jeder Mensch muss da in seinem Leben einmal durch. Sie ist karg, einsam, aber gleichzeitig von einer irritierenden Schönheit. Der Wanderer genießt den kurzen Moment, wenn er eine Oase erreicht. Aber, weil er sein Ziel noch nicht erreicht hat, muss er wieder aufbrechen. Er wird eine bittersüße Leere in sich fühlen. Denn er verlässt ein kleines Glück, ungewiss, ob er das große Glück je finden wird. Mancher verliert dabei das Vertrauen in das Ziel und glaubt sich verloren. Panik bricht in ihm aus, dass er nie an die Quelle kommen wird und einsam verdurstet. Das ist der große Liebesschmerz, hervorgerufen durch Misstrauen gegenüber der Verlässlichkeit der Liebe. Wenn er dann aufgibt, schiebt er sein Versagen auf sie und hadert mit ihr. Anlass für neues Leiden. Aber er sollte wissen, dass er die Liebe immer wieder suchen und finden kann. Nie aufgeben! Ich stehe dafür, dass das Ziel erreicht wird. Aber ohne diese Anstrengung bleibt die Liebe auf der Strecke. Deswegen müssen gerade die Jungen einfühlsam darauf vorbereitet werden. Ohne Vorurteile! In liebevoller Offenheit. Da könnten meine Leute mal so richtig schön punkten.

Weiß Gott überhaupt, was er da mit dieser Liebe in uns anrichtet?

All diesen Qualen hat sich auch mein Vater ausgesetzt, als er zuließ, dass die Liebe neben ihm und, wenn sie es je wollte, auch über ihn herrschen durfte. Auch er musste durch diese Wüste.

Moment mal. Er war ständig bereit, das Bündnis mit seinem auserwählten Volk zu verändern. Nicht sehr liebeskonsequent.

Nimm es wie ein Beispiel aus deinem Leben: Du liebst jemanden. Sofort ist die alltägliche Wirklichkeit abgeschafft. Sie ist für dich so unwichtig wie Bulimie, wenn du ein Gourmet bist. Du bist zwar immer noch du, gefangen in deinem Körper und Bewusstsein, aber du bist gleichzeitig ein Anderer. Jemanden, den du so noch nicht kennen gelernt hast. In diesem Zustand bist du sogar bereit, zu akzeptieren, dass rot gelb und rechts links ist.

Dann ist auch Gott ein anderer?

Die Liebe entzieht auch ihm jede Sicherheit von Wissen und Glauben. In ihr verliert mein Vater seinen eigenen Willen und kann nicht anders, als ganz in ihr aufzugehen. Auch Gott weiß nie, ob seine Liebe von einem Menschen erwidert wird.

Hat er das nötig?

Er wäre unglaubwürdig, wenn er sich der Liebe und ihren Konsequenzen selber nicht stellen würde. Das hat er schon eindeutig bei Adam und Eva, den ersten autonomen Liebeswesen, bewiesen. Trotz seines tiefen Schmerzes über ihren Verrat hat er seine Liebe zu ihnen nicht zurückgenommen.

Ihr Begehren war doch vorhersehbar. Der Baum war eine verlockende Augenweide.[24]

Und gibt das dem Kind das Recht, sich gegen das Verbot seines Vaters zu stellen? Adam und Eva hatten Gott für einen Wissenskick verraten, dessen Folgen sie nicht absehen konnten. Gott blieb gar keine andere Wahl, als den Ungehorsam der ersten Menschen zu bestrafen und sie aus dem Paradies zu vertreiben. Er musste sie vom Baum des Lebens fernhalten. Wie konnte er sonst sicher sein, dass sie keinen zweiten Versuch unternehmen würden?

Schon gut. Aber Gott hätte den Baum im Paradies ja nicht aufstellen müssen. Oder die beiden einfach naschen lassen.

Kein Vater erlaubt seinem Kind, die Hand ins Feuer zu halten oder mit Bomben zu spielen, nur, weil es herausbekommen will, was dann passiert.

Der Schöpfer hätte die ersten Prototypen der Menschheit genetisch anders codieren können.

Wie sollte er euch Menschen denn formen, um euch gleichberechtigt gegenübertreten zu können? Als Allmächtiger, dem alles untertan ist und dem sich jeder zu unterwerfen hat? Dafür bräuchte er euch Menschen nicht. Das schafft er mit jeder Kuh.

[24] Genesis 3,6

Ich kann mich im Gegensatz zur Kuh zumindest selber lieben.

Du kannst dich achten, dich selbst befriedigen, dich für den Größten halten. Was hat das mit Liebe zu tun? Wenn du andere liebst, dann hat dieses Gefühl eine Stärke, die du für die Liebe zu dir selber nie empfinden wirst. Warum sind viele Menschen so unglücklich, wenn sie ohne Geliebte oder Geliebten durchs Leben gehen? Warum kann auch der reichste Mensch der Welt sich keine Liebe kaufen? Wenn er sich selber lieben könnte, wäre er der erste, der es tun würde. Alleine schon, um Kosten zu sparen.

In der Werbung heißt es »Ich liebe mein Auto« oder »Ich liebe Mac Donalds«.

Dann lass dich von deinem Auto oder einem Brötchen mit Hackfleisch lieben. Du kannst auch deinen Hund lieben und er wird deine Liebe auf seine Weise erwidern.

O.k. Eine Stufe intellektueller. In Latein heißt Liebe »amor«. Das kann als »ad mortem« und »ab morte« gelesen werden. Also »zum Tode hin« und »vom Tode weg«.

Es trifft die Idee. Liebe ist die Nahtstelle zwischen Leben und Tod.

Für mich ist sie eher wie eine ständige Herausforderung und der Versuch, mit all ihren Schattierungen klarzukommen. Warum dieses Wechselbad der Gefühle, das sie ständig in uns auslöst?

Die Liebe ist wie ein kleines ungestümes Kind, das voller Lachen und Freude ist und sich nicht darum kümmert, ob es eine Grippe bekommt, wenn es im Winter in Pfützen herumplatscht und krank werden kann. Deine Aufgabe ist es, für sie da zu sein und sie zu schützen.

Ich muss sie also bändigen?

Was nützt es, wenn das kleine Kind an einer Infektion stirbt, nur weil du glaubst, Liebe sei, alles laufen zu lassen. Sie braucht eine Form. Aber kein Gefängnis. Mein Vater hat deswegen Moses ein Bündnisangebot unterbreitet. So wie man einen gleichberechtigten Ehevertrag macht. Als sich die Israeliten damit einverstanden erklärten, redete er sogar durch diesen Propheten mit ihnen am Berg Sinai. Gott bewies ihnen dadurch, dass er existiert und keine Erfindung von Literaten oder Magiern ist. Das war sein Liebesbeweis, sein Dank und galt als seine Unterschrift unter das Bündnis. Da die Liebe kein Hirngespinst und auch auf der Erde immer real ist, musste sogar mein Vater zu diesem Bündnistermin persönlich erscheinen.

Mit Donner, Beben, Rauch und lauter Musik. Warum so zum Fürchten, wenn es um die Liebe geht?

JESUS LÄCHELT.

Würde euch heute auch mal ganz gut tun. Es ist, wie wenn Eltern mit ihren ungezogenen Kindern nicht weiterwissen, ihnen aber eine Lebensregel beibringen müssen. Was tun, wenn die Kinder nicht zuhören wollen? Dann wird der Ton automatisch lauter. Mein Vater hat inzwischen von Buddha gelernt und spricht jetzt mit sanfter Stimme. Manchmal fällt er noch in sein altes Laster zurück. Er droht und verwünscht, weil er Angst hat, in seiner Liebe verletzt zu werden. Aber davon bekommt ihr nichts mehr mit. Gute Eltern schimpfen nicht vor ihren Kindern.

Liebe ist wirklich einer der erstaunlichsten Einfälle von Gott. Ich hab mal nachgeschaut. Aktueller Stand: Über 8 Milliarden Einträge bei Google in englisch. Aber nur 800 Millionen für Hass. Ginge es allein danach, müsste es um die Welt viel besser bestellt sein.

Warum erzeugt Liebe so viele Fragen? Was ist so schwer an ihr? Und was wird oft so falsch verstanden?

Kannst du Sanskrit oder Alt-Persisch?

Nein, warum?

Dann wäre es leichter, sich über ihre verschiedenen Facetten zu unterhalten. In diesen Sprachen gibt es mehr als 80 verschiedene Worte für Liebe. Was ich damit sagen will: Wenn ein Wort für so vieles Verschiedenes steht, ist es kein Wunder, dass so oft etwas damit schief geht. Ich nehme mich da nicht aus. Ich dachte, ich würde meine Jünger lieben, aber diese Liebe führte dazu, dass mich einer von ihnen verriet.

Tolles Ergebnis für den Sohn Gottes, oder?

Liebe schreckt ab. Sich in ihr Gegenteil verkehren zu können, ist vielleicht das eigenartigste Ding an ihr. Und ein Beweis dafür, dass sie tatsächlich von Gott stammt. In all ihrer erlösenden Kraft. Ebenso wie in der zerstörerischen.

Jesus. Ich würde gerne ein Gedicht zitieren, bevor ich zu dem nächsten Thema komme, das sich fast schon zwangsläufig ergibt. Es stammt von der wunderbaren polnischen Dichterin Wislawa Szymborska. »Wer behauptet, der Tod sei allmächtig, ist lebendiger Beweis dagegen. Es gibt kein solches Leben …

…, das nicht wenigstens für einen Augenblick unsterblich wäre. Der Tod kommt immer um diesen einen Augenblick zu spät.«

DER TOD ALS KOLLATERALSCHADEN?

Du kennst es?

Du glaubst wohl, ich wär schon seit 2000 Jahren tot. Wenn du mich fragst, sind diese Zeilen das schönste Kompliment, das man Gott machen kann. Auf der anderen Seite ist dieser Augenblick natürlich auch eine Verführung. Wir haben drüben ...

... drüben? ...

... Jenseits klingt so pathetisch, findest du nicht? Egal. Wir haben also bei *uns* viel darüber diskutiert. Den Ausschlag für eine gewisse Erregtheit gab die »Unsterblichkeit«. Die Verführung besteht aus Sicht einiger Debattanten darin, dass der, der sich unsterblich fühlt, sich erst recht von Gott abwendet.

Inwiefern?

Weil Unsterblichkeit bedeutet, Gott gleich zu sein. Wenn du also schon auf der Erde in diesen Genuss kommst, wozu dann noch auf den Himmel warten.

Wie man ein Gedicht doch falsch verstehen kann. Ich dachte, es ginge darum, den Menschen Trost zu spenden. Aber wozu gibt es eigentlich den Tod?

»Wozu« ist die falsche Frage. »Weswegen« wäre besser ...

... Die hab ich aber nicht gestellt ...

Ich weiß. Nur ... der Blick auf die »Chronologie« der Vertreibung aus dem Paradies würde das Verständnis für die Entstehung des

Todes erleichtern. Zunächst ist zu sagen: Gott erfand den Tod nicht als Strafe.

Ewige Verdammnis scheint mir auch ein viel geeigneteres Mittel.

Er hatte die Welt als Garten Eden eingerichtet. Da hat niemand Schmerz oder Verlust auf dem Schirm. Erst die Vertreibung aus dem Paradies machte die »Negativ«-Erfahrung möglich. Der Tod entstand also als Folge – sprich durch den Entzug des ewigen Lebens. Alles hatte plötzlich seine Zeit. Das war ein absolutes Novum. So gesehen gibt es bei dem Tod kein »wozu« ... hm, ... möglich, dass er deshalb so schwer zu begreifen ist.

Verstehe, der Tod ist so was wie ein Kollateralschaden. Aber, Moment, Gott hatte das Privileg, weiter im Paradies leben zu können, oder?

Privileg? Das ist doch Quatsch. Was nützt dir das schönste Haus, wenn dich alles darin nur an die Abwesenheit eines einstmals geliebten Menschen erinnert. Und dir klar ist, dass du an diesem Verlust ebenfalls schuld bist. Ich fürchte, Gott ging es da nicht besser als den Menschen.

Aber macht es das leichter?

Wenn du auf den Glauben vertraust, ja. Dann könnte es gut sein, zu wissen, dass Gott den Tod in dieser Form nicht gewollt hat. Und ihn jetzt als eine Art Tor nutzt.

Gilt das auch für ihn selbst?

Ja. Der Tod ist eine Vorsichtsmaßnahme Gottes. Durch ihn kann er zurück in seine Unbehaustheit. Er kann sich selber töten, falls die Liebe versagt.

O.k. Das mag für Gott gelten. Aber was weiß ich schon vom Tod, solange er nicht direkt vor mir steht?

Was fühlst du, wenn du eine verstümmelte Leiche im Fernsehen siehst, einen Toten nach einem Autounfall, wenn ein geliebter Mensch stirbt?

Das Herz krampft sich zusammen. Eine Leere entsteht, die unerträglich ist. Das Leben macht keinen Sinn mehr … Ich fühle eine Macht, die mir unglaublich weh tut. Sie ist stärker ist als jede andere Herrschaftsform.

Damit sind wir wieder bei Luzifer. Er genießt euren Schmerz. Dadurch erinnert er Gott fortwährend daran, dass er, der scheinbar entmachtete Engel, den letzten Zugriff auf die Menschen hat. Mit jedem von euch Sterblichen fordert er ihn heraus. An dieser Stelle kann er meinen Vater als einen Herrscher ohne Macht zeigen. Der Tod ist der Stachel in der Seele Gottes.

Der Künstler Christoph Schlingensief erkrankte unheilbar an Lungenkrebs. Sein Leid zog sich über ein Jahr hin, bis er mit 48 Jahren starb. Er war sehr zornig auf dich und sagte, dass du nur ein paar Stunden leiden musstest. Er dagegen viele Monate. Er schrieb: »Lieber Gott, ich würde so gerne sagen, dass ich auf Dich scheiße. Aber das schaffe ich nicht. Noch nicht. Kann nur sagen, lasst mich einfach zufrieden.« Hast du ihn zufrieden gelassen?

In den Stunden meiner Verlassenheit habe ich für einen Moment genauso gefühlt. Ich war voller Angst und Traurigkeit.[25] Sollte ich nicht alle meine Macht nutzen und die Satansschergen ins Feuer der Hölle werfen, bevor sie mich gefangen nehmen? Muss dieser Scheißtod sein? Und ich stelle seitdem diese Frage, bei je-

[25] Matthäus 26,37; Markus 14,33

dem, der stirbt. Christoph hat Gott als »Schmerzsystem« missverstanden. Er konnte den Himmel nicht als Chance begreifen, als ein Mehr an Leben, eine höhere und seligere Seinsweise. So schön wie im Himmel kann es auf der Erde nicht sein. Frag die, die einmal ins Jenseits schauen durften und noch einmal zurückkamen. Christoph hat ganz richtig gesehen, dass eure Welt eine Sensation an Glück sein könnte. Aber die Erlösung hat seit der Vertreibung aus dem Paradies ihren Preis. Das ist der Tod, durch den jeder auf seine Weise muss.

Warum ist der Tod trotz dieser Erklärungen immer noch so ein Schock?

Ihr spürt plötzlich absolute Einsamkeit. Das real existierende Nichts. Euch wird deutlich: Der Tod ist die Grenze, die Gott zwischen sich und den Menschen gezogen hat.

Wenn ich es richtig verstehe, wurde durch dich Luzifer in seiner Macht über den Tod begrenzt?

Ich garantiere euch, dass der Tod kein finaler Zustand ist, sondern nur die Überführung in andere Seinsformen. Wen ihr auf der Erde geliebt habt, in welchen Abstufungen auch immer, wird mit euch wieder vereinigt werden.

Warum hat Gott Luzifer nicht getötet?

Jemanden zu töten bedeutet, Gefangener des Todes zu bleiben. Gott erkannte, dass der Tod überwunden werden musste. Das war die Grundvoraussetzung, um die Liebe in sich freisetzen zu können. Deswegen kam es zur Erschaffung dieser Welt. Auf ihr findet der Kampf zwischen Licht und Finsternis, Schöpfung und Vernichtung, Liebe und Hass, Gut und Böse und Leben und Tod ein Ende.

Wann?

Das weiß, wie deinen Sterbetag, nur Gott allein.

Auch du kennst das Datum des Weltendes nicht?

Die letzte Sekunde der Erde kennt nur Gott. Dann ist Luzifer endgültig vernichtet. Aber er wird erst dann seinen Kampf einstellen, wenn ihm kein einziger Mensch mehr folgt. Dann wird er nicht mehr existieren, denn sein Geist lebt nur im und durch den Menschen. Ihr habt es in der Hand, seine Macht zu beenden.

UND NACH DEM TOD?

Mal davon ausgehend, dass es die Reinkarnation gibt. Wie lange ist der Zeitraum zwischen Tod und Wiedergeburt?

Das hängt von deinen Wünschen ab. Nach deinem Tod steht dir der Zugang zu allen Parallel- und Erinnerungswelten offen. Obwohl du nicht mehr körperlich bist, kannst du deine gesamten Vorleben in allen Phasen durchlaufen. Schmerzfrei. Es gibt keinen Unterschied mehr zwischen dir als Erinnerung und dir als persönliche Gegenwart. Das Zeitmaß ist die Gleichzeitigkeit. Du kannst in hinreißenden Parallelwelten leben, hinter denen sich weitere noch herrlichere Himmelswelten öffnen. Die Reise dorthin hängt ganz davon ab, welches Wissen du ertragen kannst. Je mehr Visionen du auf der Erde zugelassen hast, je größer dein Glaube war, desto leichter fällt es dir, diese Welten anzunehmen oder die Reise abzubrechen, weil deine Seele noch nicht reif genug ist, sie zu ertragen. Dann willst du noch einmal wiedergeboren werden, um die nächste Stufe zu erreichen.

Im Thomasevangelium sagst du: »Wenn ihr eure Ebenbilder seht, freut ihr euch. Wenn ihr aber eure Bilder seht, die vor euch entstanden sind, die weder sterben noch sich offenbaren, wie viel werdet ihr dann ertragen?«[26] Gibt es nach dem Tod ein Bewusstsein?

Im Nach-Todes-Bewusstsein sind alle deine Leben wie mit einer Filmschicht aufgetragen. Direkt nach dem Tod bist du noch in zwei Seinszuständen. Deinem Ich und deinem Über-Ich. Deswegen kannst du dich noch wahrnehmen. Mein Vater hat mir die Macht gegeben, diese Zweiheit eines Menschen aufzuheben

[26] Thomasevangelium Logion 84

und aus ihm wieder eine Einheit zu formen. Danach gibt es kein Bewusstsein, keine identifizierbare Wahrnehmung mehr.

Das klingt so einfältig.

Warum muss alles immer so kompliziert sein? Wie hättest du es denn gerne? Computergeschützte Sicherheitsschleusen mit Seelenscanning? Es gibt viele Menschen, die Jenseitserfahrung gemacht und darüber berichtet haben. Sie sprechen von einem Zustand allergrößter Seligkeit ...

... Gehirnblitze, Neutronenirritationen, Nervenhypnosis.

Warum sollten diese Menschen lügen?

Um ihre Geschichten zu vermarkten.

Ach, und was ist mit deiner Geschichte, als du eines Nachts aus dem Schlaf gerissen wurdest? Du hast in deiner Panik sogar laut meinen Namen gerufen, weil dir irgendjemand mal erzählt hatte, dass das in einer schlimmen Situationen helfen könnte. Lügst du?

O.k., o.k. Es war in meinem Appartment in Düsseldorf. Ich war noch vor Mitternacht zu Bett gegangen und schnell eingeschlafen. Irgendetwas weckte mich plötzlich auf. Ich hatte ein ganz seltsames Gefühl. Wie bei einem Einbruch, wenn plötzlich der Dieb im Zimmer steht. Und dann sah ich den Einbrecher. Er stand direkt vor meinem Bett. Ich erstarrte. Aus seinem Körpfer wuchsen dreckige Spritzen, an denen Haare und vertrocknetes Blut klebten. Er sah mich traurig an und wollte etwas sagen. Dann habe ich panisch losgebrüllt. Ja, auch deinen Namen. Er zögerte, schien verwirrt, so als hätte er diese Reaktion nicht erwartet. Im selben Moment war er verschwunden. Geschockt fingerte ich nach meiner Uhr. Ich brauchte irgendeinen Beweis von Realität. Es war so gegen drei. Am nächsten Tag rief mich die Mutter von Martin an, einem alten Freund, der sehr an mir hing. Er war Musiker und hatte vor vielen Jahren auf LSD sein fahrbahres Tonstudio in einem neuen Mercedes Kastenwagen nachts in London in die Luft gejagt. Und das zu Zeiten des Terrors durch die IRA! Er hatte eine jahrelange Strafe in einem berüchtigten Gefängnis in England abgesessen. Wir standen in Briefkontakt. Nach seiner Entlassung besuchte er mich als erstes. Dann war er irgendwo in Köln verschwunden. Ich hatte monatelang nichts mehr von ihm gehört. Seine Mutter weinte. Martin war in Köln von einem Dealer umgebracht worden. In einem verdreckten Kellerloch. Vielleicht, weil er Schulden bei ihm hatte und keine Aussicht auf Bezahlung bestand. Ich fragte sie fassungslos, wann? Die Antwort wühlte mich noch mehr auf. In dieser Nacht. Gegen Drei. Zum Zeitpunkt der Erscheinung. Aber was beweist das schon ....

Sicher, du kannst an allem zweifeln, aber dann erlaube mir auch, an deiner Existenz zu zweifeln.

Das geht dann vielleicht ein wenig zu weit. Im Buddhismus gibt es den Gedanken der Wiedergeburt, um die Sünden aus den vergangenen Leben korrigieren zu können. Hat man nur noch sieben Leben wiederzukehren, hat der Jünger Buddhas es geschafft und ist auf der sicheren Seite der Einkehr ins Nirwana. Das fehlt deiner Lehre.

Wirklich? Habe ich nicht Lazarus von den Toten auferstehen lassen, nachdem er schon vier Tage im Grab gelegen hatte mit entsprechendem Geruch?[27] Wiedergeburt. Ich habe Buddha nur weitergeführt. Wer an meinen Vater glaubt, hat am Ende der Zeit keine Wiedergeburten mehr nötig.

[27] Johannes 11,39-44

Auferstehung von den Toten ist keine Wiedergeburt.

Dann mach deine Hausaufgaben. Der Apostel Paulus, spricht in seinem Brief an Titus, einem seiner engsten Mitarbeiter, vom »Bad der Wiedergeburt«.[28] Als mich der Pharisäer und Ratsherr Nikodemus nach der Wiedergeburt fragte, habe ich ihm geantwortet: Wundere dich nicht, dass ich dir sagte: Ihr müsst von Neuem geboren werden.[29]

Und dann wirst du im selben Atemzug – verzeih – ein wenig undeutlich. »Der Wind weht, wo er will …« …

Meine Jünger haben an diesem Punkt meiner Lehre abgeschaltet. Wunder haben sie mit eigenen Augen täglich gesehen, aber eine Wiedergeburt passte bei allem Respekt vor meiner Lehre nicht in ihr jüdisches Weltbild. Sie glaubten eher der Verheißung, dass die ganze Welt und Schöpfung eines Tages durch einen Messias erneuert würden. Ich habe das Thema nicht weiterverfolgt, weil ich genau wusste, dass sie noch an dem ›Irrealen‹ zu knabbern hatten. Also … es gibt Wiedergeburten. Auch du bist eine. Und um es ganz deutlich zu machen: Gott wird in jedem Menschen wiedergeboren.

Heute ist mein Geburtstag. Der Neujahrsbeginn der Buddhisten. Ich bin mir nicht sicher, dass ich wiedergeboren werden möchte. Altern ist für viele ein Absturz in Gebrechen oder Einsamkeit.

Jede Wiedergeburt macht dich jünger und führt dich zum Anfang.

[28] Titus 3,4-5

[29] Johannes 3,7-8

Wo ist denn da die Logik?

Mit deiner ersten Geburt startest du mit einer Art Guthaben von vielen Leben und Lebensjahren. Diese werden durch jede Wiedergeburt abgetragen. Und zwar umso schneller, je mehr du Gott erkennst. All deine Leben mit ihren Hunderten von Jahren laufen somit auf die Null zu. Auf das Nirwana, denn die Null hat keinen Wert an sich. Keinen Anfang und kein Ende. Und wenn du es dann geschafft hast, bist du null Jahre alt. Keine Wiedergeburt mehr. Kein Altern mehr.

Keine Falten! Und der Zeiger der Uhr steht still?

Darauf wollte ich gerade hinaus. In jeder Seele tickt ein Messgerät. Eine Uhr mit zwei Zeigern. Der eine läuft vorwärts. Das ist die aktuelle Lebensdauer. Der andere läuft rückwärts. Das ist deine gesamte Seinszeit. Wenn dann die Lebens- und Seinszeit eines Menschen aufgebraucht ist, gibt es auch keine Zeit mehr.

Oder ... ich glaube das nicht, falle gleich tot um ... und dann war's das halt. Auch ohne dich.

Glaub mir, in seiner letzten Sekunde auf Erden wendet sich jeder Mensch dem Himmel zu, auch wenn er noch nie etwas von ihm gehört oder an ihn geglaubt hat. Er mag den Himmel in einem mythischen Vogel sehen, einem seiner Ahnen, einem unbekannten Gott, einer schönen Jungfrau. Der letzte Gedanke, das letzte Sehnen eines Sterbenden richtet sich auf ein Nachher.

Angenommen, das stimmt. Was beweist es schon?

Jede Seele will wieder mit Gott vereint werden. Dafür muss sie den Körper verlassen können. Sie sucht die Liebe, die sie in diesen Körper gebracht hat. Nur diese kann sie annehmen und nur durch sie kann sie wieder in die Sicherheit und Wonne zu Gott zurückgeführt werden.

Komisch, ich kann mir meinen eigenen Tod beim besten Willen nicht vorstellen. Auch nicht, dass mein Körper nicht mehr existiert. Irgendeine sinnliche Brücke?

Leben ist einatmen, Tod ist ausatmen.

LIEBE, TOD UND TEUFEL: DREI DINGE, UM DIE UNSER LEBEN KREIST.

Liebe, Tod und Teufel. Drei Dinge, um die unser Leben ständig kreist. Über die Liebe haben wir gesprochen. Den Tod. Den Teufel hast du immer nur gestreift. Warum eigentlich?

Die Geister, die du rufst ...

Ist das nicht immer das Problem beim Streben nach Erkenntnis?

Ich sehe schon. (LACHT) Ihr zwei würdet Euren Spaß miteinander haben.

... leider bin ich nicht Goethe ...

Weißt du, die meisten Versuche, Mephisto zu erklären, scheitern. Weil sie nur die Kraft der »Versuchung« sehen. Die »Versuchung« ist für ihn aber bloß eine Art Fingerübung. Ein hübscher Augenaufschlag, hier. Ein größerer Geldbetrag unter dem Tisch da. Eine Hand unterm Rock. Und dann ...

... dann gehör ich ihm ...

... Zumindest nach Meinung der Kirche. Für sie ist der Teufel extrem praktisch, weil er in allem steckt, was die Lust zu leben ausmacht. Und damit hinter jeder Sünde, egal wie groß oder wie klein sie sein mag. Nehmen wir mal an, ich sitze in einem Cabrio, fahre die Via Veneto hinunter und schau den Mädchen oder Jungs hinterher. Ich bin auf dem Weg in ein tolles Restaurant. Drei Versuchungen in einem. Das Cabrio: Reichtum, die Mädchen oder Jungs: Wollust, das schöne Restaurant: Völlerei. Leuchtet hier schon die verbotene Frucht? Blödsinn. Der Teufelskreis beginnt doch tatsächlich erst, wenn du Geld unterschlägst, um das Auto zu zahlen. Deine Frau/Mann auf den Strich schickst oder schlägst. Oder aus der Freude am Genuss eine Sucht wird, die du befriedigen musst, koste es, was es wolle. Die Versuchung ist also nicht das Problem. Die Fähigkeit, rechtzeitig einen Schlussstrich zu ziehen, ist das Problem. Mit der Pauschalverdammung der Versuchung wird man das aber niemals lösen. Auch nicht mit dem vermeintlichen Gegenbild der Askese, wo man sich vor jeglicher Versuchung sicher wähnt, indem man sich von allem Irdischen abzuwenden meint. Aber ist nicht oft auch da Selbstgefälligkeit und Eitelkeit die Triebfeder?

2000 Jahre Kirche. Und dann Thema verfehlt?

Ach Gott! Das sagt sich so leicht. Du weißt doch: Dich oder andere unglücklich zu machen, ist idiotisch. Aber nicht unbedingt eine Sünde. Der Teufel existiert aber trotzdem. Er ist – heute würde man sagen – wie ein Dealer. Er hat erst gewonnen, wenn er dich abhängig gemacht hat und du dich nicht mehr von ihm befreien kannst. Erst hier beginnt der eigentlich perfide Teil. Er verlangt von dir ein Opfer, das deiner inneren Überzeugung widerspricht. Du weißt, dass du die Sache für ihn erledigen musst, weil du keine andere Wahl mehr hast. Und so stürzt er dich spielend in die Verzweiflung. Ergebnis: Du verfluchst deine Schwäche und hast Angst vor deinem Mut.

Und das heißt?

Denk an die Todesrichter in einer Diktatur. Der Teufel muss ihnen nicht sagen, was sie tun sollen. Aber sie wissen, was er von ihnen erwartet, nämlich, dass sie einen Menschen, der vor ihnen steht, zum Tode verurteilen. Tun sie es nicht, trifft sie selbst eine Strafe. Es ist ein perfektes System, das nur durch Gewalt niedergerungen werden kann. Denn freiwillig wird sich das System nicht öffnen.

John D. Rockefeller hat einmal gesagt, dass er bereit wäre, jemandem eine Million Dollar zu bezahlen, wenn er nur brutal genug wäre, Tausende zu töten, ohne mit der Wimper zu zucken.

Anscheinend fehlte ihm der Mumm, es selber zu tun. Rockefeller verkörperte die Idee des diabolischen Narziss ziemlich perfekt. Rücksichtslos, um reich und mächtig zu werden. Aber ohne Gleichgesinnte wäre er nur ein weiterer biederer Geschäftsmann geblieben. Seine Leutnants wie egomanische Präsidenten, hinterlistige Rechtsanwälte und korrupte Beamte sind Teufels Schmusepartner. Er fixt sie mit viel Geld an. Folgen sie seinen Verlockungen, wird er sie zu seinen Liebhabern machen. Und sie lernen schnell: Satan fickst du nur einmal. Ein Rockefeller kommt aber nicht mit zwei Hörnern auf die Party. Er ist charmant, kultiviert, zeigt sich gerne mit einem Champagnerglas in der Hand und richtet Wohltätigkeitsbälle aus. John D. Rockefeller hat sich übrigens am Ende seines raffgierigen Lebens sehr für das Gemeinwohl eingesetzt. Er war tief religiös, hat da aber ganz sicher einiges missverstanden. Aber dieser Werdegang ist die Ausnahme. Ansonsten bleibt es dabei, wenn Satan seine eigenen Leute liquidieren muss, schenkt er der Witwe das Geld, um die Rechnung für die Beerdigung zu bezahlen. Das ist seine Art von Humor.

Die Menschen haben offenbar mehr Gemeinheiten drauf als der Teufel.

Tja, das könnte schon sein. Ich denke, dass Gott auch deswegen echt sauer auf ihn ist. Er führt ihm immer wieder vor, dass ihr ihm in nichts nachsteht.

Und die Schlange hat die Menschen verführt, weil sie wusste, dass wir noch grausamer sind als sie sich vorstellen konnte. Und Gott musste einfach dreinschlagen?

Du sagst es.

Gott so menschlich?

Ist das schlimm?

Es sieht ganz so aus, als sei Gott in der Hand Luzifers?

In gewisser Weise ja. Gott muss sich an sein Wort halten. Die Freiheit und Macht, die er Luzifer zugesagt hat, kann er nicht widerrufen. Ansonsten würde er sich gegen sein eigenes Gebot stellen: »Du sollst nicht lügen.« Aber er ist auch in eurer Hand. Denn nur durch euch kann seine Hoffnung auf mehr Licht erfüllt werden.

Verstehe ich das richtig ... Gott will durch uns Menschen die Finsternis, ergo das Böse in sich besiegen? Bin ich gefragt worden?

Jedes Seelenwesen im Himmel, das die Fähigkeit erlangt hat, als Mensch geboren zu werden, wird von Gott gefragt, ob es auf die Erde will. Dann bekommt diese Seele den Auftrag, durch ihren Tod einen Teil der luziferischen Finsternis mit von der Erde zu nehmen und in Licht zu verwandeln. Vor der Geburt wird die Erinnerung an diese Kommunikation mit Gott verschlossen.

Warum?

Damit euch der Gegenspieler Gottes verführen kann.

Das Gute ist ohne das Böse also nicht denkbar. Jesus nicht ohne den Satan? Seid ihr Brüder?

Wir stammen zwar beide aus Gott, aber wir sind keine Brüder. Satan wurde aus dem Geist Gottes geboren. Somit ist er endlich. Ich bin der Sohn Gottes, der aus seiner Liebe geboren wurde. Sie ist die Aufhebung der Endlichkeit.

Aber der Teufel ist notwendig, damit Gott das Böse in sich besiegen kann.

Gott ist weder gut noch böse. Erst, als er sich im Licht manifestierte, als er seine Einheit aufbrach, wurde er ein Gott mit Eigenschaften. Sie beinhalten selbstverständlich auch das Böse. Gut und Böse sind Gegensätze, aber das eine ist ohne das andere nicht denkbar. Auch Hölle und Paradies sind nicht voneinander zu trennen. Wenn es das Paradies gibt, dann muss es auch eine Hölle geben.

Der französische Philosoph Jean-Paul Sartre hat einmal gesagt: »Die Hölle, das sind die anderen.«

In der Hölle gibt es keinen anderen.

Gott so sibyllinisch ...?

Ist das so verwerflich?

Nein. Verwerflich ist, dass Gott den Teufel aus lauter Liebe laufen lässt.

Und?

Das ist nicht dein Ernst. Und du schaust zu.

Nein, ich schaue nicht zu. Liebe versucht immer einen Weg zu finden, das Böse in Gutes zu verwandeln. Hass in Liebe, Krieg in Frieden, Lüge in Wahrheit und so weiter.

Dann kann Luzifer ja unbesorgt weitermachen. Super. Und diese Figur hat sich Gott also für uns ausgedacht. Ich denke, wir sind die Masterminds der Schöpfung?

Der Schöpfung, aber ganz sicher nicht des Universums. Luzifers Wesen haben euch schon längst geortet und werden manchmal als UFOs von manchen Menschen wahrgenommen. Sie sind roboteske Technokraten. Ohne die Fähigkeit zum Mitgefühl und ohne Fantasie. Also genug andere Gründe für Luzifer, sich nach temperamentvolleren Lebensgefährten umzuschauen. Solche, die ihn verblüffen können. Und das seid ihr. Auch deswegen setzt er alles daran, euch zu testen. Könnte ja ein perfiderer Luzifer dabei herausspringen.

Er hat trotz diverser Reinigungen überlebt? Wie konnte das geschehen?

Mein Gegenspieler wirkt durch den Geist. Keine Sintflut kann Geist vernichten. Nur die Körper, in denen er sich einnistet, können zerstört werden.

Satan, oder von mir aus sein Geist, hat deine direkte Gottesabkunft bezweifelt und versuchte, dich zu verführen, als du 40 Tage in der Wüste[30] *warst. Was hat er dir geboten?*

Satan nutzt immer die nächstliegenden Wünsche und Begierden eines Menschen. Ich hatte 40 Tage gefastet und sehr großen Hunger. Er wollte, dass ich einem Stein befehle, zu Brot zu werden. Was sollte das? Ich hätte ihn verwandelt, wir hätten das

[30] Matthäus 4, 1-11; Markus 1, 12-13; Lukas 4, 1-13

Brot gegessen. Und dann? Eine Scheibe Brot als das höchste Gut? Noch nicht mal eine Gurke dazu? Als ich ihm antwortete: »Der Mensch lebt nicht vom Brot allein«, erhöhte er das Angebot. Er führte mich im Geist einen Berg hinauf und zeigte mir in einem einzigen Augenblick alle Reiche der Erde. Dann nutzte er eine List und behauptete, dass diese Länder ihm überlassen sind. Er könne sie geben, wem er wolle. Die einzige Bedingung, ich müsse mich ihm unterwerfen und ihn anbeten.

Ein verlockendes Angebot. Es hätte dir viel Leid erspart.

Unterwerfung unter einen Immobilienhändler? Im Grunde ist der Teufel dumm. Das zeigt auch sein dritter Versuch. Ich sollte mich in Jerusalem oben vom Tempel stürzen, um zu beweisen, dass mich die Engel retten werden.

So dumm ist das nicht. Du hättest den Beweis erbracht, dass du fliegen kannst.

Perlen vor die Säue. Dieser Falschmünzer wollte nur erfahren, ob ich vielleicht ein Abtrünniger seiner eigenen Kreaturen bin. Und wenn ich nicht abgestürzt wäre, hätte er mit mir ins Geschäft kommen wollen.

Es hätte die abendländisch-christliche Kulturgeschichte vielleicht sogar positiv abgekürzt.

Nein. Es hätte sie verlängert. Kein neuer Jesus weit und breit.

Warum hat dich die Nummer Eins der anderen Seite nicht als Gottes Sohn erkannt?

Er konnte mich als hohen Geist wahrnehmen. Aber seine Vorstellungskraft reichte nicht aus, um mich als Sohn Gottes zu erkennen. Er hatte zwar mein Kommen erwartet, aber er suchte nach mir in Palästen und nicht in einem kargen Stall. In seinen Augen hatte ich bei den drei Proben versagt.

Hat er dich nicht ernst genommen?

Bevor der Fürst der Unterwelt den Geist eines Menschen anfixt, analysiert und bewertet er ihn. Er hat wenig Interesse am durchschnittlichen Steuerzahler. Er sucht nach »Kollegen«. Kumpeln in der Ausübung von Macht. Meistens solchen, die feige sind und ihre Schwächen anderen gegenüber mit gnadenloser Härte kompensieren.

Das erinnert mich daran, wie mutig die Widerständler gegen Hitler waren, als ihnen der Prozess von den Nazis gemacht wurde. Und wie feige sich die Kriegs- und Menschheitsverbrecher verhalten, wenn sie wegen ihrer Verbrechen angeklagt werden.

Schwarze Herzen werden sich nie für einen anderen aufopfern, obwohl sie das für sich selber einfordern. Meist haben sie eine ganz simple und grobe Psyche. Die lässt sich gerne mit hohlem Pathos füllen. Mitgefühl ersetzen sie durch Hinterhalt und Tücke. Sie sehen die Erde als ihre Beute an und halten Raub und Mord für ihr Menschenrecht. Ihren psychotischen Egotrieb halten sie für ein Naturgesetz. Um ihre Ziele zu erreichen, müssen sie schon früh im Leben beginnen, sämtliche Schamgefühle in sich zu töten. Erwischt man sie und setzt ihnen Grenzen, spielen sie sich als unschuldige Opfer auf und nehmen den wirklichen Opfern so noch die Würde. Aber auch sie brauchen Liebe.

So wie Hitler mit seiner Eva Braun. War Hitler der bisher größte lebende Teufel?

Hitler war Satans Lebensgefährte. Nie zuvor hat ein Herrscher mit seinen Anhängern so viele Menschen so wohl organisiert umgebracht. Seitdem genießt es Luzifer, seine Opferzahl zu erhöhen und Waffen zu entwickeln, die ganze Völker auf einen Schlag auslöschen können. Er wartet auf die nächste Gelegenheit.

Hitlers Reich sollte tausend Jahre währen. Nach rund zwölf Jahren war der grausame Spuk vorbei. Die Idee des Tausendjährigen Reiches entnahm Hitler der »Offenbarung« in der Bibel.

Solche Menschen sind nicht nur eiskalte Mörder, sondern auch listige Diebe von Mythen. Legenden und Symbole werden dann oft in ihr Gegenteil verkehrt. Die Nazis benutzten ein altes indisches Glücksmotiv, die Swastika, und machten daraus ein Symbol des Hassens. Gerne versammelt Satan um sich Finanziers, Wissenschaftler, Philosophen und Künstler mit einem geschädigten Empathiezentrum. Einige von ihnen sind einfach nur karriere- und machtsüchtig. Andere von Dämonen besessen. Er trimmt sie aber immer auf Vernichtung.

Vielleicht wollen sie auch nur als große Helden oder Krieger in die Geschichte eingehen?

Buddha wurde einmal gefragt, wer ein großer Krieger sei. Sein Beispiel ist eindeutig: Ein Mensch tötet einhundert Männer. Ein anderer Mensch lernt sich selber zu beherrschen. Dieser ist der viel größere Krieger.

Der Tod macht uns alle gleich. Wie erkennst du dann einen irdischen Teufel nach seinem Tod?

Die Seelen von bösen Menschen haben weder Farbe noch Licht. Deswegen sind ihre Gesichter schon zu Lebzeiten so starr und seltsam leblos. Schau dir Fotos von Diktatoren an. Sogar wenn sie lächeln, ist der Eindruck stumpf, denn jedes ihrer Verbrechen löscht mehr vom Licht ihrer Seele aus, mit dem auch sie geboren wurden. Sie sehen mich nach ihrem Tod in meinem Körper. Die Kulisse scheint dieselbe wie auf Erden, sie können mit mir ganz normal sprechen, sie sehen auch den lichterfüllten Himmel, aber dort, wo sie stehen, ist nichts als das schwarze Loch des Todes. Wenn ich ihnen ihr Urteil verkünde, wird ihnen klar, dass es schlimmste Qualen bedeutet. Das hätten sie nicht erwartet. Dann verzweifeln sie.

Schlimmste Qualen? Was geschieht mit Diktatoren und Kriegsverbrechern, wenn sie gestorben sind?

Die Hölle ist keine Fantasie. Alles, was sie anderen angetan haben, wird ihnen angetan.

Auge um Auge, Zahn um Zahn? Waren wir da nicht schon etwas weiter? Du meinst, sie müssen für jeden Mord, jede Vergewaltigung, jeden Diebstahl, für den sie verantwortlich sind, büßen?

In der Hölle werden sie selber ermordet, vergewaltigt, beraubt. Für jeden Tropfen Blut, den sie vergossen haben, für jede Todesfurcht, die sie in einem anderen Menschen geweckt haben, müssen sie die Verantwortung tragen. Sie sind dabei ohne Trost, kein Wesen, das ihnen beisteht. Auf der Erde hatten sie vielleicht noch Familie oder Freunde. An diesem Ort gibt es niemanden, der sie sieht, außer Gott. Sie hören die Schreie ihrer Opfer und sie brüllen ihre eigene Qual hinaus. Um sie herum ist schwarze Nacht und ihr Verlangen nach Licht ist übermächtig.

Das klingt wie ein alttestamentarischer Albtraum!

Aus einem Albtraum erwachst du.

Wenn Hitler aus seiner Verzweiflung heraus nach dir rufen würde, würdest du mit ihm reden?

Wenn jemand nach mir ruft, und sei es ein Hitler, werde ich antworten. Das ist eine meiner Aufgaben als Sohn Gottes. Es gibt allerdings eine Grenze für die Funktionäre des Teufels, um wiedergeboren zu werden. Wird sie überschritten, gibt es keine Möglichkeit der Umkehr mehr. Hitler hat sie überschritten. Er hat sich durch seinen Selbstmord selbst gerichtet.

Was passiert mit ihm?

Wenn die Zeit reif ist, wird seine Seele vollständig vernichtet werden. Das ist der ungeheuerste Schmerz, den Gott in seinem ewigen Plan bereithält. Diese Qual ist unvorstellbar. Danach bleibt nichts. Diese Seele ist dann ausgelöscht.

Erlösung für die grausamsten Verbrecher der Menschheit?

Keine Erlösung. Absolute Vernichtung. Nur Gott weiß, was da passiert.

Warum haben Verbrecher an der Menschheit, wenn sie sich nicht durch Selbstmord selber ein Ende setzen, oft ein langes Leben und können ihr unmenschliches Regime so ungestraft ausüben?

Auch der widerlichste Verbrecher soll bis zu seinem letzten Atemzug die Möglichkeit haben, sich vom Teufel abzuwenden.

Welchen Nutzen hat Gott davon, dass er ihm diese Chance lässt?

Jeder, der sich für Satan entscheidet, saugt wie ein Schwamm den Geist des Bösen in sich auf. Er nimmt einen Teil der Finsternis bei seinem Tod mit in die Hölle. Und schafft Platz für Licht.

Womit aus dem Bösen Gutes entsteht?

Das ist der große Plan Gottes. Das Licht siegt.

Aus den bösen Deutschen werden dann die guten Deutschen?

Sieh dir den Verlauf der Geschichte der demokratischen Nationen an. Durch wie viel Höllen mussten sie gehen, um ihre Lektionen zu lernen. Deswegen muss jede Generation von neuem geschult werden, verbrecherische Demagogen zu durchschauen und den Anfängen zu wehren. Dann werden aus den bösen Deutschen durchaus die guten Deutschen.

Die Nazis haben Bücher verbrannt, Stalin, Mao Tse Tung, Pol Pot und die Roten Khmer und so weiter haben an Intellektuellen, an Lehrern, Ärzten, Künstlern Gehirnwäsche betrieben und sie zu Millionen liquidiert. Wie sollte ein Volk da noch lernen können?

Tyrannen können den Geist beugen, aber nicht besiegen. Nutzt die Kraft der Worte. Sie haben vor keiner Waffe so sehr Angst wie vor der Macht des freien Wortes. Kein Richter der Welt kann einen Satz einsperren. Wenn eine Regierung, ein Volk oder eine Religion damit beginnt, die freie Rede zu verbieten oder Bücher, Kunstwerke, Fotografien von Gegnern sowie Symbole anderer Kulturen zu verbrennen, sollten eure Alarmklingeln schrillen. Es ist die Ouvertüre Satans.

Schön. Was passiert aber dann mit einem Teufel, wenn er sich noch auf der Erde bessern will? Viele seiner Opfer werden sich an ihm rächen wollen. Wie soll er diese Rache ertragen können?

Dazu eine Geschichte. Sie spielt in Indien. Ramakrishna, ein heiliger Hindu, kam auf einer seiner Reisen in ein kleines Dorf. Die Bewohner trauten sich nicht aus ihren Häusern und hatten ihre Kinder versteckt. Ramakrishna fragte den Dorfvorsteher, wovor sie so viel Angst hätten. Er erzählte ihm, dass eine bösartige Schlange ihr Dorf terrorisierte. Gerade habe sie wieder ein kleines Kind verschlungen. Am nächsten Tag knöpfte sich Ramakrishna die feiste Schlange vor. Sie ließ sich von ihm jedoch nicht einschüchtern. Im Gegenteil. Sie richtete sich drohend vor ihm auf und versuchte, den Heiligen zu töten. Daraufhin zeigte Ramakrishna der Kreatur ihren Platz in der Hölle. Die Schlange erschrak sehr. Nachdem der heilige Mönch sie wieder in die Gegenwart zurückgeholt hatte, musste sie ihm versprechen, kein einziges Wesen mehr anzugreifen. In einem Jahr werde er wiederkommen und überprüfen, ob sie ihr Wort gehalten habe. Das Jahr ging vorüber. Als Ramakrishna wie versprochen wieder im Dorf auftauchte, rannte ihm eine ausgelassene Kinderschar entgegen. Die Eltern fielen vor ihm auf die Knie und dankten ihm für seine Hilfe. Er erkundigte sich nach der Schlange und erfuhr, dass sie das Dorf seit seiner Abreise nicht mehr bedroht hatte. Prima. Aber niemand wusste genau, wo die Schlange sich aufhielt. Ramakrishna machte sich Sorgen und begab sich auf die Suche nach ihr. Endlich fand er sie. Das einst fette Reptil war bis auf die Haut abgemagert. Es zitterte am ganzen Körper und machte einen erbärmlichen Eindruck. Betroffen fragte er sie: »Was ist los mit dir?« Die Schlange wisperte mit Mühe: »Ich habe die Hölle gesehen, die für mich vorgesehen ist. Du hast sie mir selber gezeigt. Es war fürchterlich. Ich habe seitdem deinen Rat befolgt und nicht mehr getötet. Ich habe mich nur noch von Gras und Laub ernährt. Als die Bewohner des Dorfes jedoch gemerkt haben, dass von mir keine Gefahr mehr ausging, haben sie sich an mir gerächt. Sie haben mir mit schweren Holzknüppeln auf den Kopf geschlagen. Die Kinder haben auf mich gepinkelt. Sie wurden immer frecher. Die Jungs haben meinen Körper um Bäume geknotet, damit ich verhungere. Jeder Tag war ein größerer Schrecken als der Tag zuvor. Eine Todesangst jagte die andere.« Ramakrishna sah sie kopfschüttelnd und voller Mitgefühl an. »Schlange! Ich habe dich für intelligenter gehalten. Du hast mir beim letzten Mal nicht richtig zugehört. Ich habe dir verboten zu töten. Aber ich habe von dir nicht verlangt, dass du dich nicht wehren darfst.« Die Schlange schlug erstaunt die Augen zu ihm auf. Dann sah sie ihn liebevoll an. Kurz darauf starb sie und wurde ins Paradies aufgenommen.

Vor kurzem wurde mein Laptop mit meinen sämtlichen Daten von zehn Jahren gestohlen. Zufälligerweise bei den Fragen über Luzifer. Ich kenne den Dieb. Soll ich zur Polizei gehen?

Vergib ihm. Lass ihn seinen Richter finden. Zudem hat dir dein Freund John inzwischen sein Laptop überlassen.

Diebe also laufen lassen?

Je näher ein Mensch zu Gott kommt, desto weniger kann ihm ein Verlust von materiellen Dingen anhaben. Vielleicht leidet der Dieb inzwischen an seinem Gewissen. Vielleicht gibt er deswegen die Stehlerei auf. Das wäre mehr wert als ein Schreibgerät oder ein wertvolles Schmuckstück. Gott ersetzt jeden Verlust, mach dir darüber keine Sorgen.

Ich werde also durch einen Diebstahl bestraft, während der Dieb sich ungestraft davonmachen kann? Ist das nicht ein bisschen viel verlangt?

Es ist kein Verdienst, jemanden zu akzeptieren, der einen liebt. Das macht jeder Hund. Aber jemandem zu verzeihen, obwohl er einem großen Schmerz zugefügt hat, setzt den Teufel außer Gefecht. Nimm das Beispiel von Papst Johannes Paul II., der dem türkischen Attentäter, der ihn 1981 zu erschießen versuchte, schon im Krankenhaus vergab. Wenn du mit denselben Mitteln, die Luzifer einsetzt, zurückschlägst, kann das Böse nicht überwunden werden.

Diese Logik geht Luzifer sicherlich am Arsch vorbei.

Und damit beginnt die Katastrophe. Auch meine persönliche.

Vielleicht ist das der Grund, warum keiner wie Jesus werden will?

Wie meinst du das?

Fast jeder möchte einmal so gut kicken wie Ronaldo. Aber kaum einer will so gut werden wie du. Was läuft da falsch?

WARUM KEINER WIE JESUS WERDEN WILL.

Hm. Ich denke, die Angst, wie Petrus beim Gehen übers Wasser zu scheitern,[31] ist größer als der Wunsch, es tatsächlich zu versuchen. Das kann ich durchaus verstehen. Allerdings muss ich sagen, ist diese Angst unbegründet. Vielleicht macht die Fixierung auf mich als Wunderheiler und Gottes Sohn es auch extrem schwer für einen Menschen, meinem Vorbild zu folgen.

Vielleicht würde es uns Normalos ja auch bitter aufstoßen, wenn plötzlich viele so werden wollten wie du. Dann haben wir gar keine Chance mehr, uns zu profilieren.

Du sollst auch nicht so werden wie ich, sondern so wie du. Dafür gibt es dich schließlich. Ich zeige dir die Richtung. Rausfinden, ob du dahinwillst, musst du schon selber. Ein Tipp: Gib nicht gleich auf, wenn du dein Ideal nicht erreichst. Nicht jeder kann ein Genie sein. Aber es ist durchaus möglich, dass du es auch bei weniger Talent zu etwas bringst, das dir Glück und Zufriedenheit beschert. Schon vergessen, dass du genauso ein Kind Gottes bist wie ich.

Hm. Allerdings mit deutlich eingeschränkten Möglichkeiten.

Was »Gutes tun« anbelangt, nicht, was Wunder vollbringen anbelangt, vielleicht. Aber auch da darf ich dich an meine Jünger erinnern, denen das Rüstzeug gegeben wurde, Kranke zu heilen. Mit ein wenig Nachhilfe wäre das also überhaupt kein Problem.

Deine Jünger sind seit 2000 Jahren tot. Warum bekommen wir diese »Nachhilfe« nicht und alles wäre gut?

[31] Genesis 22,6-12

Im ersten Augenblick schon. Aber du vergisst, dass so ein Eingriff das vorhandene Gleichgewicht zerstören würde und so früher oder später zu einem Wettrüsten zwischen Gut und Böse führt. Es würde die kosmische Ordnung aushebeln. Denn ändert Gott die Rahmenbedingungen, tut der Teufel dies auch. Und die Tatsache, dass ihr selber schon in der Lage seid, die Erde in weiten Teilen zu zerstören, macht das Ganze nicht besser.

Vielleicht liegt die geringe Begeisterung dafür, deine Taten nachzuahmen, auch darin begründet, dass keiner dafür sterben will.

Das ist doch durchaus verständlich, oder?

Für einen Selbstmord-Attentäter nicht. Er findet sogar Nachahmer für die Idee.

Solange er im »Paradies« nicht vor die Familien der Opfer treten muss, sicherlich. Und dennoch. Es macht einen Unterschied, ob man glaubt, durch eine einzige Tat erlöst zu werden oder durch ein ganzes Leben. Will man das Gleichgewicht der Welt durch Terror erreichen, wird man feststellen, dass nicht der Terror die großen Veränderungen in der Geschichte bewirkt hat. Sondern die Einsicht. Auf Terror folgen Soldaten. Deswegen baut das Christentum ja auf einem anderen Grund – auf die Liebe.

Aber ganz so fremd ist der Opfertod für die gute Sache im Christentum nicht. Wäre da nicht die Geschichte von Abraham und Isaak, ich hätte dir fast geglaubt.

Das Opfer, das Gott von Abraham verlangte, hatte eine andere Ursache. Der Ur-Vater der Juden repräsentierte zu seiner Zeit den höchsten Bewusstseinsgrad eines Menschen. Er war Gott am nächsten. Würde dieser Mann freiwillig auf seinen geliebten Sohn verzichten? Die bedingungslose Bereitschaft beeindruckte

Gott und beeinflusste seine Einstellung zu euch. Sie galt fortan als Maßstab für seine eigenen Entscheidungen. Gott hatte gesehen, wozu Menschen bereit waren, und war bereit, für sie genauso weit zu gehen.

Wozu das alles?

Es gab keinen anderen Weg herauszufinden, ob die Menschen es wert sind, so nah an Gott heranzukommen. Er musste herausfinden, ob ihr die Qualitäten habt, um als seine Kinder die Welt zu übernehmen und für andere Welten Vorbild zu sein. Das bekommst du mit Gehorsam nicht hin. Das geht nur mit gegenseitigem Vertrauen. So wie ein Kind seiner Mutter vertraut und davon ausgeht, dass der Brei, mit dem sie es füttert, nicht vergiftet ist.

Aber du wurdest als leichte Beute geopfert. Wer steht schon gerne auf Seiten eines Verlierers?

Im Gegenteil. Mein Vater war davon ausgegangen, dass die Menschen mich als seinen Erbsohn erkennen und lieben würden und durch mein Vorbild Hass und Krieg von der Erde verschwinden. Gott wollte mich nie auf der Schlachtbank oder am Kreuz sehen. Aber er war von vorneherein bereit, bis zum Äußersten zu gehen. Im Augenblick meiner Geburt hatte er seine Macht an mich abgegeben und keinen Einfluss mehr auf den Gang meines Lebens.

Jesus! Also! Alles war vorbestimmt in deinem Leben! Es stand geschrieben, wie du geboren wurdest, du wusstest um deinen Tod. All deine Leiden waren im großen Plan Gottes vorhergesehen. Kein Wunder, dass es vor allem für junge Leute heute, die doch relativ frei erzogen werden, keine Neigung gibt, sich diese Jesus-Zwangsjacke anzuziehen. Nie Lust gehabt, aus diesem Korsett auszubrechen?

Mag sein, dass das heute komisch klingt. Aber ich hab mich als Diener einer größeren Idee verstanden. Ich hätte zwar jederzeit auf die Bremse treten und »nein« sagen können. Das lag in meiner Macht, klar. Doch hab ich es nicht getan. Warum? Weil es die einzige Möglichkeit war, damit ihr erkennt, wie Gott tickt. Und was für eine enorme Kraft hinter seiner Liebe zu euch steckt.

Bedingungsloser Gehorsam?

Bedingungslose Liebe.

Vielleicht ist das ja der Grund, weswegen so wenige wie Jesus werden wollen.

WAS IST DER WAHRE GLAUBE UND WAS DIE BESTE RELIGION?

Vielleicht ist es ja auch einfach viel zu anstrengend, an dich als den wahren Sohn Gottes zu glauben. Davon mal abgesehen, gibt es den wahren Glauben?

Wahrer Glaube ist der größte Besitz, den ein Mensch erlangen kann. Er ist eine große Lebensaufgabe. Er lässt dich weltliche Begierden überwinden. Er befreit dich von der Fessel von Ursache und Wirkung. Er lehrt dich Großzügigkeit und Respekt den Anderen gegenüber. Er ist bescheiden und voller Demut. Er ist höflich und schreit seine Überzeugung nicht hinaus. Er erfüllt dein Leben mit Weisheit. Er gibt dir die Kraft, Versuchungen zu widerstehen und die Verachtung der Feinde deines Glaubens zu ertragen. In Visionen zeigt er dir kosmische Zusammenhänge, die dein Bild von der Wirklichkeit verändern. Er ist der beste aller Begleiter.

Und wenn es mir mal so richtig dreckig geht, kann ich so tun als ob alles bestens wäre. Jesus! Ist das nicht alles Pillefaz?

Selbstverständlich! Seit über 2000 Jahren spinnen meine Anhänger und in euren psychiatrischen Kliniken laufen Depressive rum, weil sie meine Botschaft gelebt haben. Mein Lieber! Begreift endlich, dass der gute Glaube dich durch schwere Lebensumstände begleitet und dass er sich nicht entmutigen lässt. Er erfrischt dich, wenn dich dein Lebensweg ermüdet. Klar, er ist anstrengend, erfordert viel Geduld, Verzicht, und das Ergebnis lässt manchmal lange auf sich warten. Das kann viele Leben dauern. Wahrer Glaube führt dich zur Erleuchtung und zur Erlösung vom Tod. Er hat seine Wurzel nicht in dir, sondern in meinem Vater.

Prozac hilft auch ohne Gott.

JESUS SCHAUT MICH AN UND VERSTUMMT.

Bin ich jetzt zu weit gegangen?

Nein, aber es langweilt mich, ständig auf diese Argumente reagieren zu sollen. Wenn du nicht an Gott glauben kannst, dann lass es. Und führe ein Interview mit einem Vorsitzenden der Pharmaindustrie.

An wen glaubt Gott?

Gott glaubt an dich.

Ähm. Muss ich deswegen an Gott glauben?

Niemand darf dich zum Glauben zwingen. Und auch Gott zwingt dich nicht.

Prima. Kann ich mich also Scheiße benehmen.

Der Glaube ist die höchste Form der Freiheit, denn er entzieht sich jeglichem Zwang. Da gibt es nur ein »Ja« oder ein »Nein«. Entweder ich glaube oder ich glaube nicht. Für rechthaberische Menschen ist er allerdings ein gefundenes Fressen, um ihr schwaches Ego zu befriedigen. Sie nutzen den Glauben wie einen Knüppel. Mit Glauben kannst du alles behaupten, sogar die schlimmsten Ungeheuerlichkeiten, denn er ist von jedem naturwissenschaftlichem Gesetz befreit, von jeder Logik. Nur in seinem eigenen System ist er zu verstehen. Das gilt für den Glauben an Gott genauso wie für den Glauben, dass im Roulette nach dreimal Schwarz Rot kommt.

Der Glaube gebiert Monster?

Der Herr der Lügen kann eine durchaus vernünftige Lehre aus deinem Herzen reißen und seine verschlagene Botschaft an deren Stelle setzen. Sobald dabei Blut fließt, renne um dein Leben.

Ist der Glaube nicht die Beleidigung jeder Vernunft?

Glauben und Vernunft kann ein gewiefter Prediger so durcheinander mischen, dass eine dumme Glaubensrede wie die Krönung der Vernunft erscheint. Glauben und Vernunft sind wie Wasser und Feuer. Sie können einander vernichten oder einander ergänzen. Für die Vernunft gibt es keine Wunder, für den Glauben sind Wunder selbstverständlich. Der Glaube ist Hingabe. Die Vernunft will Beweise. Beide haben ihre Berechtigung.

Mein Religionslehrer hat das Thema folgendermaßen behandelt. Er schrieb die Worte »Glaube« und »Vernunft« an die Tafel und setzte einen dicken Trennungsstrich dazwischen. Keine Verbindung. »Keine Verbindung?« Ich wollte das nicht einsehen. Als Antwort warf er mich aus der Klasse.

Der Ort, wo Vernunft und Glauben zusammenkommen und miteinander verbunden sind, ist in dir. Auch außerhalb der Klasse. So einfach ist die Antwort.

Darf ich am Glauben anderer Menschen zweifeln?

Es gibt zwei Arten des Zweifelns. Der methodische Zweifel, der alles gründlichst untersucht. Er fragt, warum glauben Menschen, wie äußert sich ihr Glaube im täglichen Leben, welche Ursprünge hat er, welche Lehre vertritt er. Dieser Zweifel ist wertfrei und sucht ernsthaft nach Antworten. Der eitle Zweifel dagegen gefällt sich selbst. Er bewertet ohne Studium und kritische Offenheit. Er stellt keine Fragen, hat aber auf alles eine Antwort. Hüte dich vor diesen Zweiflern. Es ist sinnlos, mit ihnen über Glaubensfragen zu diskutieren. Sie wollen nicht wissen, sondern missionieren. Sei es für oder gegen Gott.

Der Existenzialismus sagt, es gibt keinen Gott. Was sagt dein Vater dazu?

Gott ist da großzügiger. Er sagt: »Es gibt den Existenzialismus.«

Atheisten leben auch gut ohne Gott. Was soll ein Gläubiger ihnen antworten?

Glauben muss sich nicht rechtfertigen. Wer Gott nicht suchen will, will ihn auch nicht finden.

Keine theologischen Diskussionen?

Wem helfen theologische Diskussionen? Am Ende findest du heraus, dass du mit deiner Vernunft an deinem Glauben und mit deinem Glauben an deiner Vernunft zweifeln kannst.

Du hast doch selber als Zwölfjähriger im Tempel beim Passahfest in Jerusalem mit den Schriftgelehrten diskutiert.[32]

Ich wollte herausfinden, was die Priester wirklich denken. Die meisten ihrer Lehren betrafen die Gesetze und Gebote aus der Tora, den ersten fünf Büchern der Bibel. 613 heilige Vorschriften sollten sie einhalten. Unmöglich. Rigide und unmenschlich.

Zum Beispiel?

[32] Lukas 2,42-47

Zum Beispiel die Reinheitsvorschriften. Wer einen Heiden oder Kranken oder manche Tiere oder bestimmte Speisen berührte, galt als unrein. Vor jeder Mahlzeit mussten wir uns in einem bestimmten Ritual die Hände waschen. Dass man sich die Hände vor dem Essen wäscht, ist eine hygienische Selbstverständlichkeit. Aber unreine Menschen, Tiere oder Speisen? Was soll das? Nicht das, was von außen in den Menschen hereinkommt und wieder ausgeschieden wird, macht ihn unrein, sondern das, was aus seinem Herzen kommt. Neid, Hochmut, Habgier, Mord sitzen in deinem Herzen? Dann kannst du dir die Hände wund waschen und bleibst dennoch unrein. Der Wert einer kultischen Handlung misst sich an der Gesinnung. Meine Antworten erstaunten die Schriftgelehrten, aber da ich in ihren Augen nur ein kleiner Junge war, sahen sie mich noch nicht als Gefahr.

Woran erkenne ich die guten Werte einer Religion? Am Gehorsam?

Frage eine Religion, was sie ihre Anhänger lehrt, studiere ihre Bücher. Unterdrückt sie die Freiheit der Erkenntnis? Will sie abhängig machen? Gibt sie selbstlos Hilfe, wenn Menschen in Not sind – egal welchen Glaubens. Oder erwartet sie Gegenleistung? Wie geht sie mit Andersgläubigen um? Werden in ihrem Namen Kriege geführt? Tötet sie? Sind Mann und Frau vor dem Höchsten und auf der Welt gleichberechtigt? Verführt sie einfältige Geister zu mörderischem Selbstmord? Korrigiert sie die Fehler, die sie im Laufe ihrer Geschichte begeht? Sind ihre Priester und Lehrer voller Hingabe – auch dem Schwächsten gegenüber? Forscht sie unablässig nach der Verbesserung des Lebens? Will sie die Welt erobern oder will sie das Gute im Menschen fördern? Baut sie Tempel und Kirchen oder Moscheen, um ihre Macht und Pracht zu beweisen, oder sind es Zentren, von denen Weisheit und Frieden ausgehen? Liebt sie oder hasst sie?

Du hast keine Berührungsängste mit anderen Religionen?

Du wirst in eine religiöse Kultur hineingeboren wie in eine Familie oder eine Nation. Du wächst mit ihren Geschichten, Riten und Lehren auf. Wenn dir ihre Formen nichts geben, kannst du sie verlassen und dich auf die Suche machen. Du solltest auch andere Religionen studieren, denn es gibt nicht nur eine Farbe im Regenbogen. Eins haben sie alle gemein: sie bereichern dein Leben von Grund auf. Sie lassen dich göttliche Zusammenhänge in deinem Alltag und in deinen Träumen erkennen. Sie lehren dich, dein Leben zu gestalten. Sie schenken dir Freiheit.

Warum kann es nicht nur eine Religion geben? Das würde alles einfacher machen.

Nur ein Apfelbaum im Garten? Wie schnell wäret ihr dieser Frucht überdrüssig. Wie der Gaumen, so will auch der Geist Variationen.

Ich kann mir ein wunderbares Leben ohne Glauben vorstellen. Warum schaffen wir die Religionen nicht einfach ab?

Klar. Und Äpfel und Bananen und Mozarella mit Tomaten und Basilikum. Alles abschaffen! Glauben gehört nun mal zum Menschsein. Jeder Mensch bekommt den Geist des Glaubens mit in die Wiege gelegt. Aus ihm entstehen alle Glaubensrichtungen und Religionen. Ihre Verkörperungen finden sie in Buddha und Propheten und hinduistischen Gottheiten und mir, die den Weg zeigen. Zu verschiedenen Zeiten kleiden wir uns in verschiedene Gewänder. Unsere höchsten Ziele sind dieselben: das Aufgehen im ewigen Sein, in der ewigen Liebe.

Ist Buddha Gottes Rettungsanker, falls du versagt hättest?

Ein interessanter Gedanke. Buddha kennt den finalen Plan.

Im Gegensatz zu den schwarz uniformierten Priestern in meiner Kultur tragen buddhistische Mönche orange Kleidung. Das wirkt sehr viel angenehmer und lebensbejahender als die Krähenfarben. Vielleicht suchen ja auch deswegen viele westliche Menschen ihr religiöses Leitbild bei Buddha. Der Buddhismus baut auf drei Säulen: Buddha als der Erleuchtete, Dharma als die wahre Lehre und Sangha als die Gemeinde der Mönche und Nonnen. Trinität definiert ebenfalls den hinduistischen Himmel. Dreigeteilt auch Vater, Sohn und Heiliger Geist. Zufall?

Zufall gibt es nicht im kollektiven Unterbewusstsein der Menschheit. Aus diesem entstehen Religionen und ergänzen sich mal mehr oder mal weniger.

Buddha wurde im April geboren und im Dezember ins Nirwana erhoben. Du wurdest im Dezember geboren und im April erhöht. So jedenfalls die offizielle Datierung. Der Kreis der Zufälle schließt sich? Steckt dahinter vielleicht doch ein verborgenes System, das wir entschlüsseln können? Ein Religions-Code? Oder gar ein Jesus-Code?

Forscher datieren das Jahr meiner Geburt inzwischen vier Jahre zurück. Manche meinen, ich sei im Januar geboren, andere halten den April für wahrscheinlicher. Damit sollte deine Frage nach einem verborgenen Code für alle Religionen ausreichend beantwortet sein. Und die Ungenauigkeit meines Geburtsdatums kann ja auch einen ganz anderen Grund haben. Stell dir mal vor, ihr wüsstet mein genaues Geburtsdatum. Was für ein Gefühl der Auserwähltheit würden alle die haben, die am selben Tag geboren sind.

Aber es gibt dennoch komplexe Erklärungsmodelle, die den Sinn hinter den Zeilen der Bibel zu entschlüsseln versuchen. Die Kabbala hat ein System entwickelt, das faszinierend mit Zahlen, Wörtern und geistigen Symbolen arbeitet. Bibelverse werden anhand von

Vokalzeichen und der Buchstabenform mystisch ausgelegt. Sind das nur Spielereien für kluge Köpfe, die auch Kreuzworträtsel erfinden? Gibt es statt des Jesus- vielleicht einen Bibel-Code?

Suche und finde. Jedes System, das du entwickelst, um tiefer den Sinn des Lebens zu erforschen, macht Sinn. Die Fragen sind: Wofür wird das System benötigt, wie viel Schaden richtet es an, wer hat welchen Nutzen davon? Macht es dich zu einem abgehobenen, stolzen Rabbi? Glaubst du, Gottes Sein mithilfe der Logik knacken oder gar beweisen zu können? Fühlst du dich als Auserwählter? Vergiss es, denn alles hat seine Bedeutung. Jedes Sandkorn, jede Ameise, jedes fallende Blatt von einem Baum. Jedes Haar auf deinem Kopf ist gezählt.

Ich frage dich jetzt nicht, wie viel Haare ich auf dem Kopf habe. Oder ob dein Vater auch ein begnadeter Friseur ist. Aber bisher wirft jede Antwort weitere Fragen auf. Und was hat eine Interpretation mit Wahrheit zu tun, wenn es so viele Möglichkeiten der Auslegung gibt? Und das ist dann vielleicht wirklich wie beim Frisör: Wo endet der Klatsch, wo beginnt die Wahrheit?

Ganz einfach. Die Wahrheit beginnt da, wo Glaube und Vernunft am Ende ihrer Möglichkeiten sind. Jenseits der Vernunft und jenseits des Glaubens beginnt die Wahrheit.

Im Nichts?

In Gott.

Im Buddhismus gibt es denselben Gedanken. Er nennt es das Nirwana.

Buddha hat 500 Jahre vor meiner Geburt die Erleuchtung unter einem Boddhi-Baum gefunden. Seine Lehre ist ein anderer Weg zur Quelle. Buddha wurde aus der Weisheit und dem Mitgefühl Gottes geboren. Ich lehrte später dieselben Ziele, die auch er lehrte. Achtung vor allem Lebendigen, Abwendung vom Bösen bis hin zur Selbstaufgabe. Buddha hat geholfen, mir den Weg zu bereiten. Das Nirwana Buddhas ist das Einswerden mit Gott. Buddha ist mein älterer Bruder. Unser Ziel ist dasselbe.

Hat eine andere Religion wie z.B. der Islam das Recht, deine Person für sich einzunehmen, aber die Herkunft deines Lebens zu verleugnen?

Nein. Ich bin der Sohn Gottes. Daran ändert auch keine Glaubensrichtung etwas, die 600 Jahre nach meiner Geburt entstand.

EINMAL AM KREUZ REICHT.

Der Islam verehrt dich als Propheten und stellt dich damit auf die Stufe seines Religionsführers Mohammed.

Angenommen dem wäre so, warum hören sie dann nicht auf meine Prophetenworte, dass keiner das Recht hat, einen anderen zu töten? Dass die Liebe zum Nächsten die Voraussetzung für den Eingang in das Paradies ist, dass Gott, der Allmächtige, jeden, der tötet oder seinem Bruder auch nur zürnt, dem Feuer der Hölle übergibt. Dass Frauen nicht unterdrückt werden dürfen? Warum glauben die Prediger der Scharia, dass meine heiligen Worte sie nicht betreffen? Ist ihr Allah derselbe Gott, der mein Vater ist?

Viele Moslems bekämpfen heute wieder Christen und nennen sie wie zu Zeiten der Kreuzzüge »Ungläubige«.

Keine Religion steht über einer anderen. Deswegen hat der Heilige Geist die Apostel davon abgehalten, meine Lehre in Asien zu verbreiten. Hinduismus und Buddhismus haben da sehr viel Gutes bewirkt und zur Weisheit und Einsicht des Himmels befähigt.

Immer wieder verteilt die radikal islamische Sekte der Salafisten kostenlos – so verkünden sie zumindest öffentlich – Exemplare des heiligen Korans in Deutschland. Sie behaupten, jedes Wort darin sei von Gott und dürfe nicht verändert werden. Wie soll man als Demokrat auf solche Propaganda reagieren?

Nehmt die Bücher dankend an, markiert die Stellen, die ihr nicht versteht und schreibt euren Kommentar dazu. Schickt das Exemplar per Post zurück an die Verteiler. Unfrei. Dann haben diese Aktion und die Folgenden bald ein Ende.

Mal davon abgesehen, wer das bezahlt hat, warum sorgst du nicht dafür, dass 25 Millionen mal das Neue Testament in islamischen Ländern verteilt wird?

Einmal am Kreuz reicht mir.

Was hältst du von so einer Aktion?

Religiöse Fanatiker versuchen ihre Gegner nicht nur mit dem Messer, sondern auch mit Worten zu töten. Das Gebot »Du sollst nicht töten ...« gilt aber auch für Worte. Das Wort Gottes macht nur dann Sinn, wenn es euch befreit. Wer versucht, ihm Fesseln anzulegen, handelt eindeutig nicht in Gottes Auftrag.

Ich erinnere mich an die Begegnung mit einem Mönch der ›Piccoli Fratelli‹ des Franz von Assisi in seinem Kloster in Italien. Es war Anfang der 80-er Jahre. Er war an die 70 Jahre alt und hatte ein von Mühen und Trotz gegerbtes Gesicht. Er war gerade aus Ägypten zurückgekehrt und berichtete von Überfällen und Morden durch muslimische Terroristen an seinen Mitbrüdern in diesem Land. Ich fragte ihn, was seine Kirche gegen diese Verbrechen unternimmt. »Nichts«, war seine Antwort. Die katholische Kirche wollte keine Auseinandersetzung mit den islamischen Ländern provozieren. Er saß da vor der verwitterten Mauer des Klosters wie ein Geschlagener. Den Glauben an Gott hatte er nicht verloren. Wohl aber den an seine Kirche. Inzwischen haben die Übergriffe zugenommen. Die Zahl der getöteten Christen geht allein in Syrien und Irak im Jahr 2013 in die Tausende, Mönche werden gefoltert, entführt oder gezwungen, den muslimischen Glauben anzunehmen. In westlichen Ländern werden Moscheen errichtet, die gegen jede Baugenehmigung die Höhe ihrer Minarette über die angrenzenden Kirchtürme zu errichten versuchen. Nur als Beispiele aus Deutschland Moscheen in Berlin, Dormagen, Neuss, Esslingen, Krefeld. Das ist kein Zufall. In Süd-Ostasien werden seit kurzem in kleinen Dörfern neben buddhistischen Tempeln Moscheen gebaut, auch wenn es im Dorf bislang keine Muslime gibt. Ein paar Wochen später mieten sich die ersten Muslims in die Dörfer ein. Bezahlt wird das von Saudi Arabien. In Saudi Arabien selbst gibt es keine Kirche, keinen buddhistischen Tempel. Christliche Kreuze und die Bibel sind verboten, obwohl es dort eine Million christlicher Gastarbeiter gibt. Der Übertritt vom Islam zum Christentum wird mit dem Tode bestraft. In Indonesien wurden in den letzten Jahren über 1000 Kirchen in Brand gesetzt. Mörderbanden terrorisieren im Namen dieser Religion den Nahen Osten und wollen ihr brutales Regime auf den Westen übertragen. Zufall oder Beginn des »Kampfes der Kulturen«?

»Kampf der Kulturen« bedeutet hier nichts anderes als die Anstrengung einer Dynastie, die zu einer Weltmacht werden möchte. Dazu nutzt sie – wie üblich in der Geschichte – auch die Ideologie einer Religion und je nach Bedarf politisierte Mörderbanden. Das ist der Hintergrund, weswegen die nicht-muslimische Welt mit Moscheen überzogen wird. Durch selbstmörderische Attentate, durch Killerkommandos, durch Aufstachelung zum Hass und durch Provokationen soll der Boden dann für einen neuen Religionskrieg bereitet werden. Der Glaube als Zuchtpeitsche, um andere Völker zu unterdrücken, ist nichts Neues unter der Sonne.

In der demokratischen Welt gelten Zwangs-Kopftuch und Ganzkörper-Burka als textile Symbole für die Unterdrückung der islamischen Frau. Es ist die radikale Auslegung des Alten Testaments. Denn als Gott Adam und Eva aus dem Paradies vertrieben hat, schämten sie sich ihrer Nacktheit und ... das Zeitalter der Mode begann. Wie hätte es dein Vater denn gerne? Burka oder Tanga?

Am liebsten sieht er euch nackt. Und so kommt ihr ja auch zu ihm zurück.

Und die Burka- oder Tanga-Frage?

Es gibt weder das Gebot, eine Burka zu tragen noch eines, das das Tragen eines Tanga vorschreibt. Zwang lehnt er eindeutig ab. Kein Modezwang, kein Verkleidungszwang, kein Entkleidungszwang. Hätte er es anders gewollt, hätte er euch alle mit schwarzen Federn versehen, so wie die Raben.

Die Burka soll sowohl die Lust, eine Frau anzusehen, als auch deren Wunsch, ihre Reize zu präsentieren, dämpfen. Zugleich soll sie auch denen, die nicht so schön sind, die Chance geben, beachtet zu werden.

Immer nur die Frauen? Warum nicht auch die Männer? Eure Körper hat mein Vater auch zum Ansehen geschaffen. Kein Mensch wird von Gott als so hässlich empfunden, dass er sich vor ihm verbergen müsste. Er liebt den Glöckner von Notre Dame genauso wie Cleopatra.

Religion ist Opium für das Volk!

Falsche Propheten sind Opium für das Volk!

Im Namen von Religionen wurden und werden Kriege geführt. Auch im Namen des Christentums wurden die grausamsten Eroberungsfeldzüge durchgeführt. Die spanischen Conquistadores in Südamerika, die Kreuzzüge. Wieso konnte das geschehen?

Kriege, die im Namen von Religionen geführt werden, sollen beweisen, dass der eigene Gott der Auftraggeber ist und ein höheres Interesse an ihnen hat. Dass es eine zwingende Notwendigkeit für Raub und Mord gibt, die über das bloße Streben nach Macht und Profit hinausweist. Es ist die besagte Feigheit der Profiteure, die ihre Gier hinter einem Gott verstecken. Dazu ein Ruhekissen für das Gewissen der nicht so skrupellosen Mitläufer. Also, verwechsele nicht die Substanz der Religionen mit den Teufeln, die in ihrem Namen Kriege führen.

Oft verbreitet die christliche Religion auch heute noch Hass durch Fundamentalisten. Du bist dafür sicherlich nicht verantwortlich zu machen, aber kannst du deine Religion deswegen von Schuld frei sprechen?

Ich habe nie eine Religion gegründet. Ich habe die Sünden der Welt auf mich genommen, um die Menschen zu retten. Ich habe versucht, euch etwas von Gottes Wirklichkeit zu zeigen. Ich habe der Welt keine Sünde hinzugefügt. Ich bin kein Religionsstifter. Ich bin für alle da.

Bist du ein Fundamentalist?

Nein, aber ich stelle fundamentale Fragen. Was soll das für ein Gott sein, den manche dieser selbsternannten Religionsführer verkünden? Ein Scharfrichter? Ein Schreibtischtäter? Gesetze – das weiß jeder, der einmal vor Gericht war – bedürfen der Interpretation und jeder Richter, der aufrecht redet, weiß, wie schwer die Aufgabe ist, Recht zu sprechen. Es gibt nur ein Gesetz, das den Menschen nicht zu einem Gefangenen macht, sondern ihn befreit: Gott und den Nächsten lieben.

Wann hört der Spuk mit dem Bösen endlich auf?

Jeder einzelne Mensch kann dem Spuk des Bösen ein Ende setzen.

Wie das?

Indem er Gutes tut.

Aha.

Versuch's mal.

So leicht ist der Geist der Verdammnis aber nicht immer zu erkennen. Es ist verdammt schwer, nicht zu sündigen. Auch ein Grund, warum keiner so sein kann wie du.

Völlig falsch. »Sünde« kommt aus dem lateinischen »sine deo«. Das heißt, »ohne Gott«. Wenn ein Mensch aufrichtig an Gott glaubt, gibt es keine Sünde.

Jemand, für den es keinen Gott gibt, ist somit des Teufels?

Jemand, der nicht an Gott glaubt und Gutes bewirkt, wird an seinen Taten gemessen, nicht an seinem Glauben.

Ich kann aufrichtig an Gott glauben und trotzdem Böses tun?

An Gott glauben und Böses tun schließt einander aus. An Gott glauben heißt konsequenterweise, Gutes tun.

Oft verwischen die Grenzen zwischen Gut und Böse. Jede Moraltheologie lebt von dieser fehlenden Trennschärfe.

Alle Religionen zeigen dir, dass Gut und Böse eindeutig voneinander zu trennen sind und einander widersprechen. Aber am Ende geht die Geschichte gut aus. Diejenigen, die das Licht vermehren, sind in der Mehrheit.

Woher nimmst du diese Gewissheit?

Sieh genau hin. Wie viele Menschen opfern ihr Leben für andere, bekämpfen mutig Unrecht, lassen sich für ihre Überzeugungen einsperren, foltern und sogar ermorden, fordern Respekt vor der Schöpfung, verachten Profitgier, bauen Krankenstationen und Schulen in armen Ländern, versuchen selbstlos andere Menschen in ihrer Trauer und ihrem Leid aufzufangen und tun alles, um für die zukünftigen Generationen eine bessere Welt zu hinterlassen.

Zyniker. Entweder alle weit weg oder Geschichte.

Willst du Namen? Schau dir deine Nachbarn an, deine Freunde, deine Familie. Du wirst dich wundern, wer da alles im Verborgenen rechtschaffen handelt. Neunzig Prozent der Menschen handeln gut. Bewusst oder unbewusst. Klar, es sind nicht alle Buddhas, aber sie tragen zum Segen der Erde bei. Auch viele alte oder demenzkranke Menschen und Behinderte, die ihr alleine lasst und die in eurer von Nutzen orientierten Welt keine Bedeutung mehr haben, setzen allein durch ihr sanftmütiges Dasein gute Energien frei.

Es läuft im Christentum immer auf dasselbe hinaus: wir Menschen sollen an Gott und an dich glauben und das Gute tun. Und immer wieder nachgefragt: Ist das nicht zu einfach?

Einfach ist es, die Welt als ein zufälliges Zusammenwachsen von Molekülen zu betrachten. Einfach ist es, den Tod als Abschluss von körperlichen Funktionen zu sehen. Damit hast du auf alles eine Antwort und kannst dich selbstsicher ins nächste Wirtshaus begeben. Der Weg zu Gott dagegen ist nicht so leicht. Auch der Zugang zum Christentum ist wie das Erlernen einer Sprache. Klar, das geht nicht ohne Zeitaufwand und Verständnisklippen. Wenn du dann die Grammatik erlernt hast, wunderst du dich, warum sie dir zu Beginn so viel Mühe machte. Je mehr du dann versuchst, die unterschiedliche Bedeutung meiner Worte zu verstehen, desto näher wirst du ihrem Sinn kommen. Und zwar dem Verborgenen in Bezug auf dich. Lass dir dabei Zeit. Sei kritisch. Akzeptiere nichts, was dir sauer aufstößt. Vergleiche meine Geschichten mit deinen Erfahrungen. Denke ohne geistige Fesseln. Widerstehe den Schnelldenkern und denen, die Menschen mit Worten überrumpeln. Streite nicht mit anderen über deine Erkenntnisse. Frage mich direkt, wenn du voller Zweifel bist. Ich bin für jede Frage dankbar und werde sie dir ehrlich beantworten. Alles zur rechten Zeit und in einem Maß, das dich nicht überfordert. Am Ende wirst du erkennen, dass die gesamte Schöpfung mit dieser besonderen Sprache des Christentums etwas Wunderbares ist. Du lernst das Paradies des Glaubens kennen. Wiegt das die Mühen nicht tausendfach auf?

Und bis zum Paradies? Leben auf einem kaputten Planeten?

Ja. Ihn könnt ihr wohl nicht mehr retten, denn die Weltzerstörer sind schneller als die Weltretter. Aber dennoch würde ich gerne gemeinsam mit euch daran arbeiten, ihn sauber zu entsorgen. Man verlässt ein Haus, das ein Freund einem kostenlos zur Verfügung gestellt hat, ja auch nicht, ohne zuvor den Müll wegzuräumen.

DER WUT-JESUS

Entsorgen? Müll wegräumen? Wohin denn damit? Die Ozeane sind mit Plastikgranulat verseucht, der Himmel mit CO2, die Erde mit Antibiotika. Wieso gibst du uns keine Chance mehr, damit fertig zu werden?

Hör genau hin! Der Erde gebe ich keine Chance mehr. Eine gerettete Seele ist für Gott wichtiger als ein geretteter Planet.

Ich sehe das überhaupt nicht ein. Im Gegenteil. Warum sollen wir aufgeben? Willst du all den Neugeborenen ihre Zukunft nehmen? Sag uns lieber, was wir in unserem Leben konkret tun können, um den Weltzerstörern ihr Handwerk zu legen?

Du würdest jetzt am liebsten Tipps für einen Guerillakrieg hören. Ich weiß, aber damit kann ich nicht dienen. Klar, ich bin nicht nur gekommen, um brave Ideen zu verkünden und unterstütze jede gewaltlose Aktion. Das reicht vom Stoppen der Walfangflotten bis zum Vernageln eines Baumes im Urwald, so dass die Sägeblätter zerstört werden. Aber etwas anderes ist ebenso wichtig: Habt Mitleid mit bösen Menschen. Lasst sie auf der Erde nicht vollkommen versagen. Betet für die Teufel, denn es saugt etwas vom Schmutz auf ihrer Seele weg. Auch das meine ich, wenn ich sage, was ihr dem Geringsten unter den Meinen getan habt, das habt ihr mir getan. Und dieser Geringste ist manchmal das kleine Arschloch, das deine Kreditkarte hackt oder seine Plastiktüte ins Meer wirft, manchmal aber auch der Vorstand eines Weltunternehmens.

Das ist eigentlich gemein von dir. Du willst kein Mitleid, du willst sie dadurch nur erniedrigen.

Willst du mit mir jetzt über den Unterschied zwischen Mitleid und Mitgefühl diskutieren?

Keine Lust auf ein paar rabulistische Argumente?

Versuch's mal mit beiden. Und dann kannst du dich ja immer noch entscheiden, ob Mitleid wirklich unter die Kategorie Erniedrigung fällt.

Du kannst mir doch nicht erzählen, dass du da nicht manchmal eine Wut hast, wenn du von all diesen Beispielen hörst. Du bist Jesus und nicht Buddha! Du sagst ja selbst, dass du nicht nur gekommen bist, um Frieden zu bringen ... ja, ja, ich weiß, das ist allegorisch gemeint ..., aber warum diese Wut?[33]

Keine Wut, eher Verzweiflung. Nimm zum Beispiel eine einflussreiche Berufsgruppe wie die Lobbyisten. Sie gelten als die Huren der Wirtschaft. Sie sind geschickt wie Rumpelstilzchen und schwer zu fassen, da sie das Licht der Öffentlichkeit scheuen. Lobbyisten nennen Bienen »Diebe der Natur« und die Sonne wollen sie durch teures künstliches Licht ersetzen, da sie ihnen zu unkontrolliert erscheint. Sie scheuen auch nicht vor Betrug zurück, wenn sie zum Beispiel scheinbar wissenschaftliche Beweise z.B. für die Erdbebensicherheit von Atomkraftwerken bringen. Kommt es dann zur Katastrophe, werden sie nie zur Verantwortung gezogen.

Was macht sie so anders als die üblichen Verdächtigen, wie korrupte Politiker oder geldgierige Generäle?

Sie haben das Einflüstern gelernt. Satan heißt auch der Einflüsterer.

[33] Matthäus 10,34; Lukas 12,51

Vielleicht haben sie ja gelernt, klug wie die Schlangen zu sein?

Klug? Was ist daran klug, einer Regierung in einer Demokratie – von den anderen will ich erst gar nicht anfangen – das Leben schwer zu machen? Sie bombardieren die gewählten Volksvertreter mit überzogenen Forderungen, mit Sprachverwirrung, boykottieren Gesetze und lassen keine Gelegenheit aus, ihre Vorstellungen gegen jede Vernunft und wissenschaftliche Forschung durchzusetzen. Ein Lobbyist findet auch Argumente, um zu beweisen, dass mein Vater ein Dummkopf ist, der die Natur wie ein Vollnarr ohne Sinn und Verstand und Geist geschaffen hat.

O.k., o.k. Friede auf Erden. Was würdest du tun, um ihren Einfluss zu brechen?

Die Produkthaftung erweitern zum Beispiel. Wenn es die für Turnschuhe gibt, kann es die doch auch für Atomkraftwerke oder Pharmaprodukte geben. Man muss nur wollen. Ich würde meine Regierung bestürmen, eine solche Produkthaftung auch auf die Lobbyisten auszuweiten. Wenn sie sich weigern, renne ich ihnen die Bude ein und bringe sie ans Licht der Öffentlichkeit. Ich bombardiere sie mit Ideen, Forderungen und Vorschlägen, so wie sie es mit den Regierungen machen. Ich gebe ihnen keine Ruhe, bis sie mit einer Lösung einverstanden sind, die dem Wohl der Menschheit dient. Ich nutze meine Macht als freier Bürger, aber ich schlage meine Gegner nicht, beschimpfe sie nicht und lasse ihre Familien in Ruhe.

Du warst selber nicht zimperlich, als du die Händler aus dem Tempel in Jerusalem verjagt hast. Sogar die Taubenhändler mussten ihre Stände räumen. War das von dir nicht eine ziemliche Anmaßung?[34]

[34] Matthäus 21,12-13; Markus 11, 15-17; Lukas 19, 45-46; Johannes 2, 13-17

Was für ein Sohn wäre ich, wenn ich zuließe, dass das Wohnzimmer meines Vaters von Tauben zugeschissen und als Versteck für Diebesgut genutzt wird? Es war aber vor allem ein Akt gegen den geistigen Zustand des Tempels. Der Glaube der einfachen Leute wurde dort von den Hohepriestern und Schriftgelehrten schamlos ausgenutzt. Der Tempel wurde als profitables Wirtschaftsunternehmen geführt. Mit den üblichen Zutaten von Profitgier und der schmutzigen Macht des Geldes. Gott war da nur noch das Aushängeschild für den neuerlichen Tanz um's goldene Kalb. Sollte ich da wegsehen oder aus Angst vor Repressalien diese Ganoven, die den Tempel zur Räuberhöhle umfunktioniert hatten, weitermachen lassen? Ich wusste, dass jemand, der sich mit den Hütern des Tempels anlegte, in Lebensgefahr begab. Luzifer mag es überhaupt nicht, wenn man ihm ans Portemonnaie geht. Obwohl es sonst nicht meine Art ist, musste ich diesmal ein spektakuläres und eindeutiges Zeichen setzen. Auch als konkretes Vorbild für euch.

Wie gewalttätig darf mein Widerstand zum Beispiel gegen räuberische Firmenbosse sein?

Nehmen wir ein aktuelles Beispiel. Wenn eine kanadische Minengesellschaft in Guatemala die heiligen Stätte der Mayas dem Erdboden gleich macht, weil sie dort nach Gold schürfen wollen und dafür Elektrizität brauchen, kappt ihre Strommasten. Knipst den Ausbeutern das Licht aus. Benennt die Verantwortlichen. Erlaubt nicht, dass sie sich hinter einem Firmennamen oder einer Nation verstecken.

Darf ich für mein Ziel einer gerechten Welt einen anderen töten? Zum Beispiel einen Regierungsvertreter, der dafür verantwortlich ist, dass ein Farmer liquidiert wird, weil er sein Land nicht für einen unsinnigen Stausee hergibt? Ich bitte um eine klare Antwort.

Nein. Du sollst keinen anderen töten. Auch keinen Tyrannen. Du bist zwar verpflichtet, ihnen Widerstand zu leisten, aber immer nur gewaltlos. Schärfe deinen Geist und finde andere Möglichkeiten, ihre Macht zu brechen. Geist schlägt Waffe. Das ist die klare Antwort. Ich selbst habe das doch wohl mehr als deutlich vorgelebt. Oder?

Auf einer weniger geistigen Stufe scheint die Antwort nicht mehr so leicht zu finden. Wenn du zum Beispiel von deinem Staat gegen einen Hitler in den Krieg geschickt wirst und du hast keine andere Wahl, als andere Soldaten zu töten? Wie viel Schuld lade ich da auf mich?

Ich wiederhole, weil dir diese Frage wohl sehr am Herzen liegt. Keine Schuld, wenn du in Notwehr handelst. Du solltest auch in Uniform sein und dein Gegner ebenso. Du darfst aber selber nie zum Angreifer werden. Deswegen flüchtet und verbergt euch vor denen, die euch mit Krieg und Gewalt überziehen wollen und weist trotzdem jeden Gedanken von Vergeltung oder Rache von euch. Sie werden ihrer Strafe nicht entgehen.

Ein schwacher Trost für Familien in ihrer tiefen Verzweiflung, die ihren Sohn oder Vater in einem Krieg zum Beispiel gegen die Faschisten verloren haben.

Wollt ihr ihnen sogar diesen Trost nehmen? Was habt ihr dagegenzusetzen? Jeder einzelne Soldat, der sein Leben im Kampf gegen das Böse verliert, wird in den Himmel aufgenommen. Seine Seele ist für immer gereinigt. Er ist gesegnet.

Segen? Segen in diesem Zusammenhang. Das klingt heute ziemlich peinlich.

»Gottes Segen mit Dir« klingt peinlich? Wo lebst du?

Willst du darauf wirklich eine Antwort?

Unterschätze nicht die Macht der Worte. Für den Gott des Alten Testaments war die härteste Zuchtpeitsche seiner Wut der Fluch. Einmal in der Welt, entfaltete er eine verheerende Wirkung. Er konnte wie ein unheilbarer Virus ansteckend sein. Dann übertrug er sich auf ein ganzes Volk und ist noch nach Jahrhunderten wirksam.

Wer Gott verfluchte, wurde in Israel zu Tode gesteinigt. Eine der schwersten Strafen wegen ein paar Wörtern?

Der Fluch war für die Juden das schlimmste Verbrechen an Gott, denn wer Gott verflucht, stellt sich über ihn.

Ein strenggläubiger Mann wie Hiob war in seinem Leid so verzweifelt, dass er sogar den Tag seiner Geburt verfluchte.

Hiob hat aber nicht Gott verflucht, sondern den, der ihm das Leben zur Hölle machte. Luzifer wollte Gott beweisen, dass sich bei schier unerträglichen persönlichen Katastrophen auch der Frömmste – in diesem Fall Hiob – gegen ihn wendet. Er verlor den Seelenfight. Hiob starb nach all den brutalen Prüfungen reich und satt an Lebenstagen. Wer die Niederlagen der Welt mit Anstand erduldet, zieht Segen auf sich. Hüte dich deswegen davor, jemanden mit einem Fluch oder schwarzer Magie zu belegen, es wird auf dich selber zurückfallen.

Gott hat in seiner Wut Kain verflucht!

Kain hatte seinen Bruder Abel erschlagen. Er ist der erste Mörder der Welt. Ja, Gott wusste nicht wohin mit seinem Zorn. Kain war das einzige überlebende Kind der beiden ersten Menschen. Hätte er ihn getötet, wäre das Experiment Homo sapiens am

Ende gewesen. Deswegen bedachte er ihn durch seinen Fluch mit der größtmöglichen Strafe für seine Sünde.

Die wäre?

Der Frieden des Paradieses bleibt dem Brudermörder verwehrt bis zum Ende der Zeiten. Man nennt Satan auch: den Unerlösten. Er muss auf dieser Erde bleiben, solange sie existiert. Deswegen trägt seitdem jeder Mörder eine unsichtbare Markierung in der Seele, die seine zu frühe Erlösung durch den Tod verhindert. Das Kainsmal. Du kannst es spüren, wenn du in die Nähe eines Mörders kommst.

Konsequenterweise wäre dann die Todesstrafe eine sinnvolle Hilfe für einen Mörder.

Im Gegenteil. Sie greift von außen in dessen Karma ein. Und pflanzt das Verbrechen des Kain fort, anstatt es zu beenden. Mal ganz abgesehen davon, dass es eine verheerende Wirkung auf das Karma derer hat, die die Todesstrafe verhängen und ausführen.

Vielleicht ist es da doch etwas entspannter, in einer Zeit zu leben, wo der Wut-Fluch keine so schrecklichen Auswirkungen mehr hat.

Der ist schon seit 3500 Jahren wirkungslos. Bis zu meinem Stammesvater Abraham hat Gott in seiner Wut seine Gegner verflucht und sie dadurch radikal von seinem Radar gelöscht. Danke dem Juden Abraham, dass er Gott bewies, dass der Segen wirkungsvoller ist als der Fluch.

Gott hat eine 180-Grad-Kehrtwende gemacht?

Gottes Kehrtwende war eine geistig-karmatische Revolution. Er sah ein, dass er Luzifer nicht mit seinen eigenen Waffen schlagen konnte. Er musste ihm etwas Neues entgegensetzen. Statt Verstoßung Transformation. Statt Wut Einsicht.

Widerspricht das nicht einigen Kernaussagen deiner Bergpredigt? Da bin ich dem »Feuer der Hölle verfallen«, wenn ich zu einem Bruder sage: »Du (gottloser) Narr.«[35] *Oder habe schon Ehebruch begangen, wenn ich eine Frau »lüstern ansehe«.*[36]*Von wegen Vergebung. Du redest da, als wärst du ein Taliban.*

Die Bedingungslosigkeit meiner Bergpredigt hat einen einfachen Grund: Sie ist der radikale und konsequente Angriff auf Luzifer. Ihm soll keine Nanosekunde mehr an Möglichkeit gegeben werden, die Erde zu sabotieren. Nicht das winzigste Schlupfloch soll ihm bleiben, in den Geist eines Menschen zu schlüpfen und durch diesen dann zu handeln.

Und du meinst, deine Lehre ist da besser? Bist du sicher, dass da kein Sadist vom Berg herunter gepredigt hat?! Wir sollen uns die rechte Hand abhacken oder uns das rechte Auge ausreißen, wenn wir Unrecht tun. Wer denkt sich denn solche Strafen aus?

Ich rede in diesem Bild von deinem Bewusstsein. In dem Augenblick, indem du auch nur daran denkst, einen Meineid zu schwören oder eine Frau sexuell zu belästigen, reiße diese Gedanken aus dir heraus, damit sie nicht zu Taten werden. Deine geistige Hand und dein geistiges Auge, die dich zum Verbrechen verleiten wollen, wirf hierbei weg. Lass sie keinen Platz mehr in deinem Denken haben. Behalte die Hand an deinem Körper, die brauchst du zum täglichen Leben.

[35] Matthäus 5,22

[36] Matthäus 5,28

Dann eben die Bergpredigt für Masochisten! Wenn mich jemand auf die linke Wange schlägt, soll ich auch noch die rechte hinhalten. Ist das nicht ein bisschen viel verlangt?

Nein. Entzieh dem Angreifer seine Grundlage. Er wartet doch nur darauf, dass du mit Gegengewalt reagierst. Dann kann er sich als Opfer hinstellen, obwohl er den Kampf provoziert hat. Siehe die Atomkriegsgefahr zwischen Israel und Iran. Der Moslemstaat schlägt den Judenstaat, indem er seine Vernichtung verkündet. Schlägt Israel mit einem Bombenangriff zurück, wird der politische Islam neue Terroristen rekrutieren, die alles daran setzen werden, die Welt aus den Angeln zu heben. Sie planen jetzt schon an Dominokriegen.

Und Israel soll stellvertretend für die Menschheit die andere Wange hinhalten?

Klüger als der Schläger wäre auch in diesem Fall derjenige, der sich auf die andere Wange schlagen lässt. Er opfert immer mehr, als von ihm verlangt wird. Warum zahlt Israel und der Westen nicht eine Erziehungshilfe auf das Konto jedes Iraners oder Palästinensers ein? Sodass das Geld direkt ankommt. Jeden Monat. Sicherlich werden es anfänglich viele missbrauchen. Aber der Effekt wäre weit wirkungsvoller als jede Bombe. Und Gott hätte allen Grund, sich über seine Entscheidung zur Wutlosigkeit zu freuen.

BIST DU KOMMUNIST?

Dein Umgang mit fremdem Eigentum ist sicherlich gut gemeint, aber ist er auch realistisch? In der Bergpredigt propagierst du sogar eine Schenkung , die nur Heilige praktizieren können. Und die leben ja bekanntermaßen außerhalb der finanziellen Tagesnöte. Ich soll jemandem, der mir meinen Mantel klaut, auch noch das Hemd lassen? Und jedem, der von mir Geld leihen will, mein vielleicht sauer Erspartes rausrücken?[37] *Zinslos versteht sich.*

Wir sitzen hier im Augenblick in Chiang Mai in deiner Galerie. Du selber bist gerade in großer finanzieller Not und musst einige Münder von burmesischen Flüchtlingen stopfen. Du willst aber niemanden um Geld bitten. Von Tag zu Tag reduzierst du die Summe, mit der du auskommen musst. Du hungerst lieber, bevor du dir eine Abfuhr holst. Stimmt's?

Hm.

Das Prinzip ist einfach, merk's dir, wenn du wieder auf der anderen Seite stehst. Wenn du siehst, dass ein Freund in Not ist oder sich in seiner Not hundert Dollar von dir borgen möchte, gib ihm zweihundert, wenn es dir möglich ist. Schenke sie ihm. Sieh in sein Gesicht. Für einen Augenblick wirst du Überraschung und Freude sehen. Nicht wegen der hundert Dollar zusätzlich, sondern wegen des Mitgefühls mit seiner Not, die du zeigst. Wenn du mehr gibst, als von dir erbeten, zeigst du, dass du ihn nicht als Bittsteller siehst. Dankbarkeit ist die Folge und du wirst im Herzen dieses Menschen einen Platz finden, den kein Geld der Welt dir kaufen kann.

[37] Matthäus 5,39-42; Lukas 6,29-30

Klingt, als diente mein Opfer nur dazu, belohnt zu werden. Selbstlosigkeit – der bessere Kapitalismus? Das endet dann schnell in der Gier nach Belohnung im Jenseits. 72 Jungfrauen. Tolles Motiv. – Wie nah sich Christentum und Islam in dem Punkt offenbar sind.

Ist das so missverständlich? Glaubst du wirklich, Gott denkt in Aktienpaketen? Mit Jungfrauen-Bonus? Ich meine: Höre einfach auf, in solchen Kategorien von Belohnung zu denken. Gott ist kein Teppichhändler. Aber er wird nicht darauf verzichten, denen, die ihm eine Freude machen, ebenfalls eine Freude zu bereiten. Nicht als Belohnung, sondern als Dank. Das kann dann durchaus eine Jungfrau sein – oder die Liebe deines Lebens.

Was ist, wenn ich deiner Lehre gerne folgen würde, aber zu schwach bin, sie täglich anzuwenden?

Es ist einfach, Unrecht zu tun. Hier mal eine kleine Lüge, dort mal ein kleiner Betrug, hier mal ein schlimmes Wort über einen Nachbarn, dort mal ein protziges Auftreten mit einer Spende. Es mögen Kleinigkeiten sein, aber sie zeigen, dass du immer noch auf dem falschen Weg zu dem Tor bist, durch das alle hindurch müssen. Dein Lebensweg dahin mag uneben, steinig und krumm sein. Du kannst zögern, umkehren, einen anderen Pfad einschlagen. Sogar das Tor als nicht existent betrachten. Die Wärter sehen es mit Gelassenheit. Wenn du jedoch durch das Tor trittst, muss deine Entscheidung eindeutig und klar sein. Für oder gegen Gott. Lau geht da gar nicht. Gott will einhundert Prozent deiner Liebe, nicht neunundneunzig Komma neun Prozent. Gib ihm nicht den kleinen Finger, sondern die ganze Hand.

Ein kleiner Betrug kann mir beim Überleben helfen.

Wenn jemand dir ein betrügerisches Geschäft vorschlägt, bei dem du vielleicht sogar ohne viele Mühen reich werden kannst, lehne es ab. Gehe noch einen Schritt weiter. Weise den anderen unter vier Augen auf seinen Betrug hin. Wenn er dich wegen deiner »Dummheit« auslacht, führe ihm die Konsequenz seines Handelns vor Augen. Auch wenn er dich dann verspottet, habe Mitleid mit ihm und verdamme ihn nicht. Vielleicht wird er eines Tages seinen Fehler einsehen.

Ist ein Betrug an einem Betrüger nicht ausgleichende Gerechtigkeit?

Verbiete dir auch nur den geringsten Gedanken daran, jemanden zu belügen oder zu betrügen. Zögere keine Sekunde. Es gibt da keine Ausnahme. Weder für arm noch für reich. Wir reden hier übrigens nicht von den Kartoffeln, die ein Hungriger vom Acker nimmt. Aber schon von dem Portemonnaie, das ein Dieb klaut. Auch wenn es einem Betuchten gehört.

Du sagst: Eher geht ein Kamel durch ein Nadelöhr, als dass ein Reicher in den Himmel kommt. Noch so ein wut-affiner Gedanke. Darf ein Reicher, der vielleicht hart dafür gearbeitet hat, die Früchte seiner Arbeit nicht genießen?

Das ›Nadelöhr‹ war eine sehr enge Stadtpforte in Jerusalem, die heute vergessen ist. Davor befand sich der Versammlungsplatz, auf dem das Gericht tagte. Eine Metapher. Mit einiger Mühe hätte es das Kamel schon geschafft, durchzukommen. Ein reicher Mensch kommt gut ohne Gott aus. Das ist das enge Tor für ihn.

Du wolltest nie reich werden?

Wozu sollte ich reich werden wollen? Alles, was man sich mit Geld kaufen kann, ist Genuss. Und der hat eine kleine Halbwertszeit. Materielles erfreut immer nur für eine kurze Spanne. An dieser Freude ist nichts Unrechtes, aber sie ist nur begrenzt haltbar. Genieße sie, solange du willst, aber mache sie nicht zum Leitmotiv deines Lebens. Reichtum ist kein Wert an sich. Das vergessen die Menschen immer wieder.

Nun gut, deine Jüngerinnen und Jünger haben für dich gesorgt. Da ist gut reden.

Ich hätte auch für mich alleine sorgen können, aber sie wollten mir etwas zurückgeben. Das konnte ich dankbar annehmen.

In den »Sprichwörtern« im Alten Testament wird Reichtum als Beweis für ein gottesfürchtiges Leben gesehen. Das unterschreibt jeder Mafioso.

In den Zeiten, aus denen diese Texte stammen, war Reichtum die Grundlage, um sich und seinen Stamm am Leben zu halten. Hier ging es um Nomadenstämme, die keine feste Bleibe hatten und von einem Tag auf den anderen leben mussten. Als die Stämme dann sesshaft wurden, entwickelte sich ein anderes Verhältnis zum Besitz. Er diente plötzlich dazu, Macht zu erlangen. Und ab diesem Zeitpunkt sahen sich die Reichen gerne selber als Gott.

Viele Kapitalisten jammern und toben gerne, wenn ihnen der Staat an den Geldbeutel gehen will. Sie suchen Auswege, um keine Steuern zu zahlen und wählen in einer Demokratie bevorzugt die Parteien, die den Armen nehmen und den Besitzenden geben. Wie viel Mitleid hast du mit ihnen?

Ein Reicher, der keine Verantwortung für andere mittragen will, ist eine verkrüppelte Seele. Ich habe viel Mitleid mit ihm. Nicht wegen seines irdischen Lebens, sondern wegen dem danach.

Müssen Reiche besonders viel Angst vor einem Leben nach dem Tod haben?

Die Frage ist, wie kam Mr. Krösus zu seinem Reichtum? Haben er oder seine Familie andere betrogen? Haben sie die Arbeit von anderen missbraucht? Haben sie sich seit Generationen Schätze angeeignet, die ihnen nicht gehören? Haben sie »blutiges« Geld geerbt oder mit Waffen gehandelt? Hat das Geschäft mit Drogen eine Familie reich gemacht?

Du vergißt die Finanzjongleure, die ganze Staaten in den Ruin treiben. Wie 1997 Thailand oder im neuen Jahrtausend Europa. Ihr virtuelles Geld jagt wie von Irren gehetzt um den Planeten. Man hört bei den Börsennachrichten förmlich, wie es hinter sich selbst herhechelt.

Danke für den Hinweis. Ihr Glaube an den Mammon schlägt den Glauben aller Heiliger um Längen.

Für mich sind es Feiglinge und Schmarotzer, die sich am Eigentum anderer Leute vergehen.

Die wahren Helden in der Ökonomie sind die kleinen Händler. Mit ihrem täglichen Einsatz gehen sie immer das Risiko ein, zu scheitern. Sie sind persönlich haftbar. Ein abgesicherter Banker oder Wirtschaftsboss muss sich da schon mächtig anstrengen, den Einsatz, den Mut und Geschäftssinn dieser kleinen Leute zu toppen. Auch, wenn ein Wirtschaftsführer die große Nummer gibt, im Grunde ist er ein kleines Licht gegen die, die mit jedem Cent rechnen müssen.

Wie soll ich mit meinen reichen Freunden verkehren, wissend, dass so viele Fallen auf ihrem Weg liegen?

Sei dankbar, dass du sie hast und gönne ihnen ihren Besitz.

Das tu ich. Conclusio?

Wichtig ist, dass Reiche helfen, dass kein Mensch hungern muss, jeder eine gute Erziehung erhält und die schönen Dinge des Lebens genießen kann. Wenn reiche Menschen in der Lage wären, ihren Besitz gerecht zu teilen, müsste kein Mensch in Armut leben.

Das sagen auch die Kommunisten. Bist du Kommunist?

Die Idee des Kommunismus gründet auf christlichen Werten. Die Gaben der Erde sollten gerecht verteilt werden. Ausbeutung und Machtanmaßung der kapitalbesitzenden Klasse sollten durch die Herrschaft der Arbeiter beendet werden. Aber Idee und Wirklichkeit liegen oftmals meilenweit auseinander. Philosophen, Künstler und Intellektuelle argumentierten zu Beginn brillant über die Idee des Kommunismus und machten die Menschen klüger. Aber sie haben keinen Einfluss darauf, wie mit ihren Vorstellungen von der Welt umgegangen wird. Zudem fehlt dem Kommunismus die Dimension des Göttlichen. Ohne das Wissen um den Himmel ist eine Philosophie aber wie schales Salz. Dasselbe gilt übrigens auch für den Kapitalismus und seine Anhänger.

Interessant in diesem Zusammenhang ist eine Mitteilung vom 16. Juni 2010. Sie besagte, dass sich einige der reichsten Menschen auf der Erde, darunter Warren Buffett, Bill & Melinda Gates, David Rockefeller, der letzte Enkel von John D. Rockefeller, zusammengesetzt haben, um andere Reiche dazu zu bringen, mindestens die Hälfte ihres Vermögens für wohltätige Zwecke auszugeben. Warren Buffett hat ein geschätztes Vermögen von 37 Milliarden Dollar, das sich ständig vermehrt. Er versprach mindestens 99 Prozent dieses Vermögens zu spenden. Dann bleiben ihm nur noch 37 Millionen. Er ist sehr gläubig.

Wenn er wirklich zu Gott kommen will, gibt er einhundert Prozent. Was kann ihm die Welt noch bieten?

Komm schon – er muss auch von etwas leben.

Gott hundert Prozent zu lieben heißt, ihm auch in den Sorgen des Alltags wie Nahrung und Kleidung zu vertrauen. Die Mönche Buddhas leben das tägliche vor. Und du? Habe ich dich im Stich gelassen?

Zum Glück kümmert sich meine Mutter um mich und behandelt mich wie einen Prinzen, obwohl ich ein mittelloser Träumer bin.

Siehst du. Es klappt doch. Das ist Kommunismus pur!

Was geschieht, wenn mich der Mut verlässt und ich mich von deinen Anforderungen überfordert fühle? Oder eine Glaubenspause einlege, weil ich mal Lust auf ein Saufgelage oder guten Sex habe? Trifft mich dann der Zorn Gottes?

Wir reden hier nicht über Albernheiten.

Von wegen Albernheiten. Du selbst wurdest von den Hohepriestern als Säufer und Fresser bezeichnet, der sich mit Sündern und Zöllnern abgibt.[38] *Auch Kommunisten wurden anfänglich verleumdet, um sie dann jagen zu können. Perfiderweise oft von den eigenen Genossen.*

Diese Verleumdungen hatten bei mir eine reale Grundlage. Zu meiner Zeit wurde in Palästina der Zoll von Privatunternehmern eingezogen. Gnadenlos und ohne mit der Wimper zu zucken, zockten die Zöllner an den Stadttoren das Volk ab. Ihre »Provision« floss reichlich. Keine Gelegenheit, sich zu bereichern, die sie nicht nutzten. Egal, was für ein Elend das zur Folge hatte. Sie führten ein ausschweifendes Leben. Klar, dass

[38] Matthäus 11,19

die Bevölkerung sie hasste. Wer sich mit ihnen abgab, verlor sein Ansehen.

Warum hast du dich von ihnen nicht fern gehalten? Dann hätten dir die Schriftgelehrten keine Vorwürfe machen können.

Mit Betrügern zu essen und zu trinken heißt doch nicht, dass man ihren Lebenswandel unterstützt. Aber wie soll jemand seinen falschen Weg sehen, wenn mit ihm nicht gesprochen wird?

Verstehe. Das gute Beispiel sollen dann kommunistische Christen sein. Hm? Schau mich nicht so entzückt an! Ich weiß ja, dass wir spätestens jetzt Gefahr laufen, uns im Kreis zu drehen. Darf ich uns zur Entspannung mal ein Glas Rotwein holen?

Gerne. Wo kommt der her?

SEX UND DROGEN. BORN TO BE WILD?

Bordeaux. Hugenotten-Wein.

Ihr könnt es nicht lassen! Oder? Immer noch so trinkfest? Hat man euch nicht einen Luxus- und Modegeist vorgeworfen?

Mobbing hat's auch damals schon gegeben. Darf ich einschenken? Das ist also dein Blut?

Das ist Wein.

Auf was stoßen wir an?

Auf die Hugenotten!

Auf die Hugenotten und die drei Musketiere! Sie alle wollten die Welt retten und waren gute Trinker. Von mir aus auch auf Harry Potter und Winnetou. Du hast mit deinen Jüngern oft Wein getrunken?

Oft und gerne. Wein war in Palästina ein übliches Nahrungsmittel. Ein regelmäßiges Glas Wein hat zudem wirkungsvolle Heilkräfte. Kennst du den ersten Winzer der Welt?

Darf ich googeln?

Mein Urahn Noach, der Kapitän der Arche, war der erste Weinbauer der Welt.

Verständlich, wenn man monatelang nur von Wasser umgeben ist.

Wein ist seitdem Ausdruck von Lebensfreude. Schließlich will mein Vater fröhliche Anhänger und keine Griesgrame.

Trunkenbolde und Exzesse mit eingeschlossen? Dein anderer Urahn, Abrahams Neffe Lot, wurde zuerst von seinen beiden Töchtern mit Wein abgefüllt und dann haben sie sich von ihm schwängern lassen. Er war wohl so betrunken, dass er es gar nicht bemerkt hat. Beischlaf mit dem eigenen Vater ohne dessen Einverständnis. Inzucht mit den eigenen Töchtern mit Hilfe von Wein. Ist das Ausdruck von Lebensfreude?

Gehen wir's mal sachlich an. Bei der Übersetzung eines Wortes aus dem Hebräischen sind viele Missverständnisse möglich. Das Wort Tochter kann auch ›junge Frau‹ bedeuten. ›Vater‹ bezeichnet auch den Ahnherren einer Dynastie. Lot war ein solcher Ahnherr. Er lebte mit seiner Frau in Sodom und Gomorrha. Einer Stadt am Toten Meer. Kein Verbrechen, das dort nicht begangen wurde. Das Leid der Opfer schrie zum Himmel. Als bildschöne Engel zu Lot kamen, um ihn vor dem Untergang der Stadt zu warnen, rotteten die Einwohner sich vor seinem Haus zusammen und wollten die Boten vergewaltigen.[39] Lot und den Seinen gelang rechtzeitig die Flucht in die Berge. Gottes Säuberungswut in Sodom und Gomorrha war dann zielstrebig und bitterböse.

Napalm vom Himmel.[40] Die Menschen verbrannten bei lebendigem Leib. Niemand entkam. Warum war Gottes Rache diesmal nur regional eingegrenzt?

Auch wenn's in diesem Zusammenhang paradox klingt, Gott hatte sich endgültig für den Menschen entschieden. Darin liegt

[39] Genesis 19,5

[40] Genesis 19,23-25

der Unterschied zur Sintflut. Nicht mehr der gesamte Lebenskörper wird vernichtet, sondern nur noch die Teile, die unheilbar verdorben sind. Sodom und Gomorrha waren ein bösartiges Geschwür auf dem Planeten. Gott musste es wie ein Arzt herausschneiden und den Krankheitsherd verbrennen, damit er keinen weiteren Schaden anrichtet.

Jetzt wissen wir auch, von wem Katastrophenfilme ihre Dramaturgie abgekupfert haben. Der letzte Edle rettet die Menschheit?

Du sagst es.

Und damit's noch einen zusätzlichen Plot gibt, wurde Lots kleiner Trupp davor gewarnt, sich auf der Flucht umzusehen. Das ist, wie wenn du im Kino die Augen zumachen sollst, wenn's am spannendsten ist.

Tja, und das ist der Unterschied zu Katastrophenfilmen. Die Wucht der Bilder der Vernichtung von Sodom und Gomorrha war so ungeheuerlich, dass kein menschliches Auge sie ertragen konnte. Jeder Feuerwehrmann, jeder Polizist, jeder Soldat weiß, dass es eine Grenze der seelischen Belastbarkeit gibt. Zuzusehen, wenn der reale Tod zuschlägt, hat seinen Preis. Lots Frau konnte auf der Flucht ihre Neugier nicht zügeln. Ihre Seele erstarrte bei dem, was sie sah, augenblicklich. Sie erlebte ein Trauma, aus dem sie nie mehr zurückfand. Der Patriarch zog mit den beiden überlebenden jungen Frauen in eine karge Höhle im Gebirge abseits von Zoar.

Bis zum nächsten Plot!

Kein zeugungsfähiger Mann weit und breit. Lot wurde immer altersweicher. Bald würde er gar keinen mehr hoch kriegen. Gott hatte ein Problem. Wie sollte bei dieser Insuffizienz der Stamm

Abrahams, wie von ihm versprochen, erhalten bleiben? Und so griffen die beiden jungen Frauen zum Wein als Hilfsmittel. Der ließ das Blut im müden Lot anschwellen und so wurden dann doch noch zwei Söhne gezeugt. Der Stamm Abraham überlebte. Gott konnte aufatmen. Im Kosmos wurde gekichert. Happy End!

Warum hast du nie Kinder in die Welt gesetzt?

Stell dir mal vor, was nach meinem Tod mit meinen Töchtern und Söhnen passiert wäre. Einmal davon abgesehen, gegen einen solchen Vater anzukommen? Die Antwort ist ganz einfach, ihr alle seid meine Kinder.

Aber manchmal kommt so ein Erdling auch durch pure geile Lust auf die Welt. Gell?

Ach wirklich? Interessant ist doch eher, dass sexuelle Lust immer auch die Sehnsucht nach Liebe enthält. Sogar, wenn der körperliche Akt nur ein paar Minuten dauert.

»Alle Lust will Ewigkeit.« Nietzsche, einer der größten Kritiker an Gott, hat recht?

Nein. Liebe will Ewigkeit. Lust will Stunde. Beides ergänzt einander. Deswegen also: »Versag dir nicht das Glück des heutigen Tages,/an der Lust, die dir zusteht,/ geh nicht vorbei.« ...

... sagt im Alten Testament Jesus Sirach und widerspricht sich einige Ratschläge weiter: »Freu dich nicht über ein wenig Lust; doppelt so schwer wird dann die Armut sein.«

Ach ja. Immer wieder diese verklemmten Schreiberlinge. Salomo hatte 700 Hauptfrauen und dazu noch 300 Nebengeliebte. Was das gekostet hat, kannst du dir vorstellen! Auch bei ihm vermischten sich oft Liebe und Lust. Wie wenig Zeit und Gelegenheit er hatte, sich dann auch noch um die Gewächse aus seinem Trieb zu kümmern, kannst du dir zusätzlich denken. Trotzdem wurde er von Gott zum Propheten berufen und seine Kinder waren gesegnet.

Was ist dann für viele Gläubige so schlimm am Sex?

Dass andere ihn nicht zur Unterdrückung benutzen, sondern viel Spaß dabei haben.

Ist Unterdrückung des Triebes nicht Teil der Sexualität?

Vielleicht denkt ihr einfach zu viel an Sex. Dann müsst ihr ihn auch unterdrücken. Bei Menschen, die ihren Trieb nicht ausbalancieren können, kann das gefährlich werden. Aber grundsätzlich gilt: Sexualität ist nichts Absonderliches. Sie gehört zur Natur. In allen Variationen. Sex ist doch zuallererst Fantasie.

Wie kommst du den auf sowas Absurdes.

Du bist kurzsichtig, denkst, die weibliche Silhouette da zwanzig Meter vor dir ist ein hübsches Mädchen. Schon geht's los mit den Körpersäften. Dann kommt sie auf dich zu und du siehst, dass es ein hässliches Entlein ist. Und aus ist es mit der sexuellen Erregung. Aber vielleicht ist gerade sie der Engel deines Lebens. Gilt übrigens für alle Geschlechter.

Verzeih, wenn ich da noch etwas weiterbohre. Für manchen dürfte die von Gott geschaffene Natur manchmal irritierend wirken. Zum Beispiel die Bonobo-Affen. Eine Art Primatenhippies. Statt Aggressionsdelikten gibt es bei ihnen das Angebot zum Geschlechtsverkehr. So nach dem Motto: Make Sex not war. Da legen sich schon die Kleinen als Gastgeschenk hin. Sind uns die Affen da voraus?

Nein, diesmal gewinnt ihr das Rennen. Der neue Mensch wird von Kopulationsattacken und Triebstau verschont bleiben. Lust gehört dann zum Leben wie ein gutes Glas Wein oder ein interessantes Buch. Bis zum Kapitel Liebe werden geschlechtsreife Jugendliche dann unbekümmert ihre ersten sexuellen Erfahrungen machen dürfen.

Jesus, spätestens jetzt explodiert der Großteil deiner amerikanischen Anhänger. Da ist ja schon das Verrutschen des BHs eines Popstars ein Skandal. Vor dem Anblick eines weiblichen Körperteils, an dem jeder schon mal genuckelt hat, muss die US-Jugend geschützt werden.

Interessiert euch solcher Schwachsinn wirklich so, dass er die Aufmerksamkeit wert ist?

Er ist ein Thema. Das häufigst gebrauchte Wort in Amerika ist »fuck«. Und ganz nebenbei: ich schaue gerade aus dem Fenster und auf der Dachrinne des Hauses gegenüber treiben es zwei Schwalben miteinander. Wir sind umgeben von »fuck«. Warum dürfen die Vögel, wovor bei den Menschen die Jugend geschützt werden muss?

Verklemmte Nationen können da Wesentliches von den Bergvölkern in Asien lernen. Da hat niemand Angst vor der Sinnlichkeit der Körper. Zum Beispiel unterstützt die Dorfgemeinschaft der Yao ihre jungen Leute in der Pubertät bei den ›logistischen‹ Vorbereitungen für ihre erste Lustnacht.

Wie sieht das aus?

Für alle Heranwachsenden gibt es einmal im Jahr ein rituelles Fest. Wer sich mag, darf dann die Nacht miteinander verbringen. So können die Jugendlichen entspannt herausfinden, ob ihr geschlechtliches Verlangen nur Brunst ist oder bereits Liebesfreude.

Und wenn es dann Kinder gibt und sie auseinander gehen?

Kinder gelten bei diesen Stämmen als Meisterwerke der Schöpfung. Niemand würde ein Kind jemals schlagen oder gar missbrauchen. Das Kind fühlt sich überall gut aufgehoben. Jedes Dorf adoptiert ungefragt jedes Kind und zieht es als eigenen Nachwuchs mit auf. Untereinander nennen sie sich deswegen auch Bruder und Schwester und Onkel und Tante. In ihrer Sprache gibt es kein Wort für »Waisen«.

Und wenn es bei ihnen mal wie bei Lot eng wird?

Sexrituale und natürliche Kräuter.

Setzt du dich jetzt auch noch für Drogenkonsum ein?

Reden wir über Drogen oder Natur-Viagra?

Drogen. Sie gehören heute zum Alltag wie Wein. Cocain, Marihuana, Crack und so weiter werden weltweit und in den besten Kreisen konsumiert.

Reden wir erst mal über die spirituellen Hilfsmittel. Gewisse Drogen helfen, die Tür zu einer anderen Wirklichkeit aufzustoßen. Aber das geht immer nur unter spiritueller Anleitung und erfordert eine mühsame Vorbereitung für die Adepten. Mal schnell einen auf die Psyche wirkenden Pilz einzuwerfen, das kann im Irrenhaus enden. Die Priester, die die Geheimnisse und Wirkungen der schamanischen Pflanzen kennen, stellen durch sie den Kontakt zum Schöpfergeist her. Schamanen sind keine Junkies. Natürliche Substanzen wirken auch anders als chemische Drogen. Chemische Drogen erzeugen illusionäre Ersatzwelten. Sie sind weitaus gefährlicher, da sie nicht aus dem Wissen um die Erdkräfte und mit den entsprechenden heiligen Zeremonien gewonnen werden. Statt tiefere Weisheiten zu gewähren, dringen mithilfe der künstlichen Substanzen zerstörende Geister in die Körper der Drogenkonsumenten. Hitler war möglicherweise ein Amphetaminjunkie. Eine Droge, die das Ego anstachelt und zu Aggressionsschüben führt, die auch vor Ausrottungsorgien nicht halt macht. Schamanen haben Riesenrespekt vor Drogen und werden auch nicht von ihren Kräutern abhängig. Daran siehst du den Unterschied.

Warum können so viele Menschen, auch gerade junge, heute nicht mehr ohne Drogen auskommen?

Sie suchen den Ausgleich zu einer mythologiefreien Welt. Sie suchen die kollektive Trance, die im aufgeklärten Zeitalter durch die Überreizung des Verstandes verloren gegangen ist. Auch das Abtauchen in eine rituelle Sexualität wird durch Drogen erleichtert. Sie ersetzen die magischen Trance-Events der Weisen und Magier. Heute werden sie nur noch von wenigen spirituellen Gemeinschaften praktiziert. Meist weit ab von der Zivilisation.

Ich selber habe Freunde, die sich und ihr Sozialleben durch chemische Drogenexzesse zerstört haben. Einige starben daran jämmerlich, andere können immer noch nicht ohne sie auskommen, obwohl ihnen deren elende Wirkung bewusst ist.

Drogensüchtige sind meist sehr sensible Wesen. Sie sehnen sich nach der göttlichen Verschmelzung, aber der Weg dahin scheint ihnen zu mühsam. Sie wissen um den Verlust der Visionen und suchen Heilung. Sie wollen zwar am göttlichen Spiel teilnehmen, aber die Regeln selbst bestimmen. Sie glauben, ihren Geist zu erweitern, aber sie öffnen den Kräften des Bösen ihre Wohnung. Luzifer bedankt sich dafür, indem er ihre Sinne verwundet und ihren Körper verzehrt. Er verspricht wie immer das Paradies, aber er liefert Hölle. Statt Vision kollabiert das Hirn. Statt Meditation explodiert der Körper.

Warum gibt es da kein Gegenkonzept von deinen Leuten? Wo bleibt der ekstatische »Geistesbraus«, den der Theologe Martin Buber beschrieb, im Gotteshaus? Oder fehlt es deinen Anhängern heute schlicht an Alltagsspiritualität?

Ganz eindeutig ja. In der christlichen Welt sind die meisten Rituale ausgetrocknet. Ohne Alltagsspiritualität verdorrt aber jede Gemeinschaft von Gläubigen.

Schau mal nach Neapel, wenn dort einmal im Jahr das Blut des Heiligen Gennaro nach der Zukunft befragt wird. Und die Frauen vor Begeisterung über eine gute Vorhersage oder voller Zorn über eine schlechte ausklinken. Da hast du deine Alltagsspiritualität in Reinform. Ist wie bei einem Konzert von AC/DC, wenn die Mädels reihenweise in Ohnmacht fallen. Rock the church?

Wenn du Aberglauben oder Hyperventilation mit Spiritualität verwechseln willst, bitte. Auf der anderen Seite ist es ja schon wieder sympathisch, wie begeisterungsfähig diese Menschen sind. Kirche als Austragungsort für Lebensekstase. Warum nicht. Das baut mit Sicherheit persönliche Spannung ab.

Irgendwas Konkretes anderes?

Die minderwertige Spiritualität in der Weltkirche wird ja nicht dadurch verbessert, dass Hip Hopper das Gesangbuch vertonen oder der Papst beim public viewing Gute-Nacht-Geschichten erzählt. Die Krux ist, dass die Botschaft, wie sie verkündet wird, die Zähigkeit von altem Leder hat.

Sorry, die Botschaft ist von dir.

Sorry, aber du verwechselst hier Botschaft und Boten. Ich kann doch nichts dafür, wenn in der Sakristei immer noch so getan wird, als könnte man neuen Wein in alte Schläuche füllen.[41] Jede neue Generation ist wie neuer Wein. Sie wollen nicht nachplappern, sondern eigene Ideen und Formen entwickeln. Und sie spüren genau, wer sie ernst nimmt. Also. Gebt den klügsten und kritischsten Stimmen eine Plattform in der Kirche. Schon vergessen, wie die »Pussy Riots« in einer Moskauer Kirche den Finger auf politische Willkür legten? Benennt die Welträuber. Wagt neben den alten Gottesdiensten, denn die machen ja auch für viele Gläubige Sinn, rituelle Gottespartys. Probiert neue Taufriten. Lasst heilige Sufis vor den Altären tanzen. Stellt die Kirche für avantgardistische Kunstekstasen zur Verfügung. Erklärt, was das soll. Holt das Lachen in die Kirche. Und holt die Würde zurück. Und das Schweigen. Einen Tag in der Woche, in der in der Kirche geschwiegen wird. Das traut sich kein Fernsehsender. Wie wäre es mit einem neuen Gesangbuch? Lasst Rockmusiker, Hip Hopper, Schlagersänger, Musicalkomponisten ran. Aber schützt auch die liturgischen Traditionen, indem ihr sie voller Anmut praktiziert. Schaut euch mal balinesische Kindertänzer an und lernt von ihnen, welche Anmut Kinder in einen Gottesdienst bringen könnten. Bringt einfach mal wieder Leben in die Bude. Nutzt alle Farben des Regenbogens und nicht nur das Rotlicht von Kerzen!

Rituale wie das Anzünden einer Kerze für die Lieben in einer Kirche oder das Einräuchern mit Weihrauch sind die letzten Rudimente einer Kultur, die durch die Protestanten entzaubert wurde. Der katholische Barock hatte als Gegenmittel zu diesen Reduzierern aus der biblischen Geschichte opulente Religionscomics gemacht. Deine Forderung nach mehr Sinnlichkeit in der Kirche in Ehren. Aber wer ist denn nun im Recht? Entzauberer oder Verzauberer?

[41] Matthäus 9,17; Markus 2,22; Lukas 5,37-39

Beide haben zu Recht ihren Platz in der Geschichte. Eine weiß gekalkte Kirche ohne Schnickschnack hilft bei der Konzentration auf ein Gespräch mit Gott. Eine barock-sinnliche Liturgie stärkt das geistige Immunsystem eines Menschen. Spirituelle Symbole und liturgische Riten sind aber austauschbar. Deswegen ist es im Grunde egal, welcher Hilfsmittel sich ein Glaubensperformer bedient. Kerze, Kultnebel, Kunstinstallation, alles erlaubt. Ich war nie ein Langeweiler. Der moderne christlich technologische Anthropos kann zum Beispiel von den »primitiven« Zivilisationen eindeutig dazulernen.

Jesus Christus im Bund mit Jean-Jacques Rousseau überwindet die Aufklärung und fordert die Rückkehr zum glücklichen Wilden? Born to be wild?

Der Wilde, von dem du recht überheblich sprichst, lebt nicht im Dschungel, sondern in euren aggressiven Nachbarschaften zwischen Los Angeles und Moskau, Sao Paulo und Kabul. Ob als Aufsichtsrat oder als Junkie. Was da an Gewalttätigkeiten und Gemeinheiten untereinander herrscht, lässt jeden Menschenfresser wie einen Philanthropen erscheinen.

Du willst mir weismachen, dass die Hinterwäldler weiter entwickelt sind als wir technisch hoch zivilisierten Weltbürger?

Was habt ihr ihnen zu bieten? Sie sind da, wo ihr gerade wieder hinzukommen versucht. Sie handeln mehr durch Intuition als durch den Verstand. Sie orientieren sich an ihren Gefühlen, die auf langjährigen Erfahrungen beruhen. Sie kalkulieren nicht bei jeder Entscheidung, was ihr Vorteil ist. Für sie ist das Gleichgewicht der Interessen in ihrer Gemeinschaft wichtiger als die Maximierung des Gewinns. Der Weg sollte umgekehrt sein. Nicht ihr bringt ihnen eure Satellitenschüsseln und Plastiktüten, sondern sie lehren euch ihre Lebensweise und ihr folgt.

Was haben sie uns voraus?

Ihre spirituellen Führer können Kontakt mit verstorbenen Seelen aufnehmen. Ihre Priester finden hohe Wiedergeburten und senden sie zur rechten Zeit in die Welt. Beweiskräftig auch für euren kritischen Verstand. Ihre Hingabe an das Heilige entstammt ihrem uralten Wissen, dass alles Falsche sterben muss, damit das Echte geboren werden kann. Im Augenblick seid ihr ja schon verblüfft, dass sie noch wissen, aus welchen Heilpflanzen Medizin gemacht wird, welches Blatt eines Strauches die Zahnpasta ersetzt oder eine blutende Wunde verschließt. Da klauen eure Pharmaunternehmen ja schon wie die Raben und schicken sogar ihre Krebsforscher zu den Schamanen. Aber vor allem wissen sie um die Zeiten, an denen sie an der Reparatur der Welt arbeiten müssen. Fragt sie doch!

Jesus! Die Geister, die wir rufen, die stellen wir inzwischen auch selber her und die können sich auch bald selber reparieren. Warum gehst du so irrational an die Zukunft der Menschheit?

Was macht ihr, wenn eurer Welt der Strom ausgeht? Wenn das Geld als Tauschmittel ausgedient hat? Wenn sich herausstellt, dass genmanipulierte Nahrung Krebs erzeugt? Wenn das Öl versiegt? Wenn ein Virus euer Gemüse in Todesnahrung umwandelt? Wo schöpft ihr dann Hoffnung?

O.k. Du befindest dich hier in guter Gesellschaft. Schon früher vertrat der Religionswissenschaftler Mircea Eliade die These, dass die Überlegenheit des logischen Menschen gegenüber dem »Primitiven« nur scheinbar ist. In der aktuellen internationalen Hirnforschung und Psychologie wird inzwischen das Primat der Ratio angezweifelt. Aber können uns diese primitiven Gesellschaften wirklich ein Vorbild sein?

Diese Gesellschaften strahlen Glücksenergie in die Welt. In ihrer Genügsamkeit und dem sanften Rhythmus ihres Alltags liegt eine große Weisheit. Nicht nur wenn die Welt ins Trudeln gerät, sind die Völker, die mit der Natur leben, dem logischen Menschen gegenüber weit überlegen.

Und wer hat das Internet erfunden?

Ach Gottchen, du meinst diesen kommunikativen Spätzünder?

Also, bitte, Jesus, keine billige Polemik gegen eine technische Meisterleistung.

Die Naturvölker nutzen seit Hunderten von Jahren telepathische Kommunikationsformen, von denen ihr nur träumen könnt. Ihre B-Mail schlägt eure E-Mail um Längen.

B-Mail?

Brain-Mail. Daran arbeiten eure Forscher ganz aufgeregt. Nachrichten-Übertragung durch Gedankenströme. Gibt's aber schon lange.

Also sind die »Wilden« die Blaupause für den neuen Menschen?

Sie sind es, die den Schlüssel zu dem alten Erfahrungsspeicher besitzen, der die Menschheit transzendiert. Nur sie können diese Tür öffnen, damit ihr euch in einer höheren Erfahrungsebene zurechtfindet. Technik, Ökonomie und Spiritualität werden dann einander ergänzen. Im geistigen Kosmos des alten Menschen, also bei den sogenannten »Wilden«, den Aborigines, den Schamanen, ist eure Zukunft zu suchen. Nicht in immer größeren Rechenzentren. Eure spirituellen Kräfte werden langsam und behutsam wiedererweckt. Jeder technische Fortschritt ist dagegen wie das Blechdosentelefon aus dem Kinderzimmer.

Aufklärung also endgültig »bye-bye«?

Sie war mehr als notwendig, aber ihre Zeit ist abgelaufen. Der Skeptizismus macht den Menschen inzwischen zu einer Marionette, der die Fäden abgeschnitten wurden. Sie ist frei, kann sich aber nicht mehr bewegen. Einst bekämpfte der Aufklärer mutig und mit revolutionärem Elan die selbstherrlichen Repräsentanten von Adel und Kirche, um der Vernunft zum Recht zu verhelfen. Heute ist ihm die Vernunft zum Selbstzweck verkommen. Seinen Skeptizismus setzt er mit Lebenserfahrung gleich. Ein Gehirn aber, in dem ausschließlich die Realitätsschleuse funktioniert, die Übernatürliches außen vor lässt, nutzt nur 20 Prozent seiner Möglichkeiten. Kreiseln diese dann auch noch inzestuös umeinander, liegt der Wahnsinn nicht allzu fern. In Krisenzeiten schalten sich diese 20 Prozent dann wie bei einem Kurzschluss von selber ab. Und ihr steht dann da völlig hilflos herum und eure Politiker und Experten schwadronieren von Rettungsschirmen.

Was rätst du?

Aufstand für Gott!

Und wenn ich diesen Rat befolge, ende ich so wie du.

Was Besseres kann dir nicht passieren.

Doch.

Und was?

Zum Papst gewählt werden!

Oh ...

Wieso schaust du so verblüfft? Würdest du eine Papstwahl annehmen?

Aber, ja! Ja, sofort. Was für eine Möglichkeit, die Politik meines Vaters zu erklären.

JESUS ALS PAPST?

Jesus im Papstmobil? Ich bitte dich!

Soll ich heute auf einem Esel zur Audienz reiten?

O.k. Verstehe. Was würdest du anders machen als deine Vorgänger?

Erstens. Ich würde alle Finanzen offenlegen. Sagen, was die Kirche besitzt und wie sie es ausgibt. Bis auf wenige Ausnahmen würde keiner gram sein. Denn jeder weiß, dass eine Organisation Geld kostet, dass sie Rücklagen zum Überleben braucht und sich auch mit schöner Kunst umgeben darf. Und wenn es Finanzposten gibt, die falsch laufen, sollte das zugegeben und geändert werden. Zweitens. Ich würde die Priester anders erziehen. Drei Gruppen sollte es geben mit drei verschiedenen Aufgabenbereichen: den lehrenden, den heilenden und den feiernden Priester. Drittens. Einem Pfarrer auf der Straße zu begegnen sollte nicht zum Weglaufen animieren, sondern darin, ihn freudig zu kontaktieren.

Vielleicht sollte bis zu deiner Wahl der Papst regelmäßig einmal ein paar Tage untertauchen und in einem Altersheim für Demenzkranke arbeiten oder den Kindern auf den giftigen Müllhalden Afrikas helfen, dort etwas Brauchbares zum Überleben zu finden. Orte auf der Welt, für die wir Menschen uns schämen müssen, gibt es genug. Nicht um damit in den Medien zu punkten, sondern um deine Energie, da wo die Menschen ganz unten sind, für sie leuchten zu lassen. Einige seiner Priester könnten ihm da sogar zum Vorbild dienen.

Tolle Idee. Und was hätten die Kinder davon? Keine Frage. Der Stellvertreter Gottes sollte immer als gutes Beispiel vorausgehen und auf die Not einsamer Menschen aufmerksam machen. Aber er sollte auch konkrete Lösungsvorschläge im Gepäck haben und Gelder aus dem reich gefüllten Kirchenvermögen dafür abzweigen.

Anarchie im Petersdom?

Frische Luft im Petersdom. Mit dem Ziel, das Paradies auf Erden zu schaffen.

Danke. Alle, die es versucht haben, sind gescheitert und haben stattdessen oftmals die Hölle mobilisiert.

Wissen wir. Aber das spricht nicht dagegen, es immer wieder zu versuchen. Wenn man nur negativ denkt und den Kopf beugt und das Ziel bei jedem Stolpern aus dem Auge verliert, wird man es nie erreichen. Auf diese Weise wäre nie das Penicillin erfunden worden und das Rad wäre immer noch viereckig.

Du müsstest in viele Länder reisen ...

... eine gute Gelegenheit, die Mensch von Dogmen zu befreien ...

... du hättest deinen eigenen Fernsehsender, deine eigenen Zeitungen, deine eigenen Radiostationen auf allen Kontinenten. Dazu ein gewaltiges Geheimarchiv. Warum ist das bis heute noch nicht zugänglich?

Weil Geheimnisse eine Institution so unglaublich wichtig machen. Und solange ihr euch noch über die Geheimnisse des Vatikans aufregt, stellt ihr die wirklich interessanten Fragen nicht. Hinzu kommt, dass viele Päpste und leitende Kirchenväter wie brüllende Löwen sind, wenn die Macht ihrer Kirche bedroht oder angezweifelt wird. Aber sie sind wie Fliegen im Wind, wenn sie an ihren Taten gemessen werden oder ihre eigenen Verfehlungen und Sünden ans Tageslicht kommen könnten. Also, ich verspreche, als Papst hole ich die Leichen im Vatikan persönlich aus dem Keller. Falls es ihn dann noch gibt.

Laut einer Umfrage aus dem Jahr 2009 glauben 78 % der Jugendlichen in Deutschland an Gott, nur 11 % gehen noch in die Kirche. Würdest du als Papst den Laden schließen?

Es kommt nicht auf die Organisation oder das Gebäude an, denn jeder, der in meinem Namen getauft ist, kann als Priester agieren und kann aus seiner Wohnung einen Tempel machen. Aber vergiss nicht, dass die Kirche bei einigen Anlässen wie Taufe, Hochzeit und Begräbnis gutes Marketing für Gott machen kann. Lebe also dein Leben mit oder ohne Kirche, aber fordere im Gegenzug nicht von der Kirche, was du selbst nicht zu geben bereit bist.

Erfolgreiches Marketing fällt nicht vom Himmel. Was sollen deine Priester konkret tun?

Priester sollen individuell in die Welt gehen und sich den Bewegungen anschließen, die am Überleben der Menschheit arbeiten. Ein Priester, der sich in seiner Soutane vor einer kriminellen Bank ankettet, einen Baum umarmt, in einem Slum mit den Armen lebt, Brunnen baut und gegen seine eigenen falschzüngigen Kollegen Widerstand leistet, ist das beste Marketing der Welt.

Hoppla. Höre ich da in dir den alten Revoluzzer wieder?

Der altert nicht, solange sich die Umstände nicht ändern. Gebt nicht auf, nachzudenken, aufzudecken, zu ermahnen, in geduldiger Belehrung zurechtzuweisen, Widerstand zu leisten, und mutiges Verhalten zu lehren, ob man es denn hören will oder nicht. Stört die Kreise der Macht. Occupy Church! Occupy Petersdom! Occupy Wallstreet!

Die Kirche selber ist ein extrem gut geführtes wirtschaftliches Unternehmen. Und kann sich dadurch den »priesterlichen Einsatz« leisten. Was hast du gegen Finanzunternehmer?

Nichts. Aber mich irritiert dieser Materialismus, den sie verkörpern. Vor allem, wenn er als Zahlen auf zwei Beinen daherkommt. Weiß ein Algorithmus, was es für eine Familie heißt, ihr Haus nicht mehr bezahlen zu können und dadurch zu verlieren? Sie nennen es abwickeln! Also haben sie die Menschen vorher eingewickelt. Erlaube mir eine kleine Anekdote: Einer von diesen McKinseys wollte einmal von einem Heiligen den Unterschied zwischen Himmel und Hölle erklärt bekommen. Der Heilige führte ihn zuerst in die Hölle. An langen Tafeln saßen viele hungrige Mäuler. Dann wurden die köstlichsten Speisen aufgetragen. Hummerschwänze in Kaviarmousse auf Safransud aus Sevilla, Moutonfilet auf Bühler Zwetschgen in Canardcarpaccio in 1948 Chateau Lafitte getupft, Lachseis in Mandalay-Mangodressing mit frischen neapolitanischen Zitronenrispeln ...

... hör bitte auf! Du wolltest eine Anekdote erzählen!

... gehört doch dazu ... nun gut ... Er erkannte viele seiner verstorbenen Kollegen, aber, oh Schreck!, an ihren Händen waren ihnen armlange Gabeln gewachsen. So sehr sie sich auch bemühten, es gelang ihnen nicht, sich die Leckerbissen zum Mund zu führen. Einige zerbissen sich vor Zorn und Hunger die Zungen. Danach führte der Heilige den Finanzmann in den Himmel. Auch hier waren Tafeln voller Spezereien, wie zum Beispiel Pfälzischer Saumagen in Japankuhmilch ...

Jesus!!!

... also ..., wo war ich stehen geblieben ... äh ... an diesen Tafeln saßen Menschen, denen ebenfalls riesige Gabeln an den Händen gewachsen waren. Sie schmatzten und kauten vergnügt, lächelten einander zu und genossen ihre Mahlzeit. Der Finanzjongleur staunte nicht schlecht. Das wäre ihm so nicht in den Sinn gekommen ...

Was?

Sie fütterten sich gegenseitig.

Die römisch-katholische Kirche verweigert Protestanten auch heute noch das gemeinsame Abendmahl. Sollen wir das Thema Papst hier abbrechen?

Ich lade als Papst alle Menschen zum gemeinsamen Mahl ein. Und ich will ein vergnügliches und harmonisches Fest. Von Gott eingeladen zu sein, ist nicht wie Pommes essen. Es ist das Angebot an die ganze Welt, mit ihm zu feiern. Bei dieser Totaloffensive Gottes wird kein Fremder abgewiesen. Sei er Buddhist, Muslim, Hindu, Freigeist, Atheist oder Anarchist. Das Gleichnis vom Gastmahl[42] hat die römisch-katholische Kirche bis heute noch nicht verstanden. Die katholischen Kollegen wollen nicht? O.k. Dann feiern wir ein wunderbares Fest ohne sie.

Damit wären wir vielleicht beim Hauptproblem. Sie wollen dich nicht. Als Papst sitzt du auf dem Stuhl des Petrus. Er hat dich in deiner höchsten Not dreimal verleugnet. Konntest du kein besseres Personal finden?

Satan wittert, wo ihm Konkurrenz droht. Deswegen heißt er auch der »Erddurchstreifer«, immer auf der Suche nach eigener

[42] Lukas 14,15-24

Gefolgschaft. Die Gefahr ist für ihn dort am größten, wo viele Menschen sich für mich versammeln. Warum sollte er vor dem Personal, von dem für ihn bleibende Gefahr ausgehen könnte, Halt machen? Also, was tun? Er muss die Personalabteilung unterwandern, seine Leute einschleusen und versuchen, die Firma von innen her zu zerstören.

Petrus – ein Verräter und Heuchler?

Petrus liebte mich und glaubte an meine Lehre. Er wollte die Welt von mir überzeugen. In letzter Konsequenz war ihm das Risiko, das damit verbunden war, aber zu hoch.

Deine Kirche entstand aus dem schlechtem Gewissen des Petrus?

Ich habe nie eine Kirche gründen wollen, denn ich will frei denkende Anhänger. Zudem ist die Gefahr unvermeidbar, dass der Teufel den ganzen Laden übernimmt.

Wie gelingt ihm das?

Er wird bei einer Kirchen- oder Sektengründung darauf drängen, dass starre Regeln und dogmatische Glaubensgrundsätze eingeführt werden. Das ist der erste Schritt, um aus der intellektuellen Herausforderung, die eine Religion darstellt, ein taubes System zu formen.

Ein Beispiel?

Zum Beispiel, dass es neben der eigenen Religion keine andere geben darf und jede andere Religion des Teufels sei.

Sagt der Teufel.

Ja, sehr witzig, nicht wahr?

Er ist nicht nur witzig, sondern auch sehr clever. Sein Modell »Geld gegen die Vergebung der Sünden« war doch ein geniales Geschäftsmodell.

Kein Mensch fällt auf einen so simplen Schwindel wie Ablasshandel herein. Ohne Einschüchterung und Erpressung hätte die katholische Kirche von keinem ihrer damaligen Opfer auch nur einen Hosenknopf bekommen. Genauso wenig wäre es ihr gelungen, die Templer zu vernichten, wenn sie diese nicht mit Hilfe von Papst Clemens V. bedroht, gefoltert und ausgeraubt hätte.

Die Templer waren der erste Orden, der im frühen Mittelalter Mönchstum und Ritteradel vereinte. Viele Tempelritter, die oftmals unter Einsatz ihres Lebens – aber auch für gutes Geld – die Pilger auf ihrem Weg nach Jerusalem schützten, haben unter der Folter gemerkt, dass es ihren Gott nicht gibt. Dank einem Papst!

Unter bestialischer Folter wird fast jeder Gott verraten. Auch seine Mutter, seinen Vater, seine Kinder. Deinem Körper können so grausame Qualen zugefügt werden, dass du dich selbst als Teufel siehst. Wie viele haben dann noch die Kraft, einem so offensichtlichen Betrug an Gott mutig entgegentreten?

Die Priester!

Luzifer hat kein Problem damit, brutale Sadisten zu rekrutieren und sie in die Uniform eines Priesters einzukleiden. Er hatte auch kein Problem, sich als einer meiner Jünger auszugeben.

Der Teufel ist klüger als du und deine Jünger, wenn es ihm sogar gelingt, einen Spion in deine engste Jüngerschaft einzuschleusen.

Mein Vater hatte ihm das Recht zugestanden, meine Jünger wie Weizen sieben zu dürfen. Da war das Einschleusen nicht so schwierig.

Petrus und Paulus haben schon kurz nach deinem Tod heftigsten Krach gehabt. Es ging um die Frage, ob sich die, die dir folgen wollten, beschneiden lassen mussten oder nicht. Also darum, ob nur Juden oder auch Nichtjuden deine Jünger werden konnten. Paulus war gegen die Beschneidung, Petrus hielt sie für unbedingt nötig. Also schon bei den beiden Ur-Päpsten unversöhnliche Haltungen gegenüber Fragen, die vor zweitausend Jahren hochaktuell waren.

Eine Gemeinde ist doch nur lebendig, wenn sie sich allen Fragen des Lebens stellt. Ohne Vorurteile, ohne Verdammung, ohne starres Dogma. Das Recht auf eigene Meinung hört nicht vor der Tempeltür auf. Das habe ich ziemlich deutlich vorgelebt. Und zur Beschneidung: Wenn sie von Nutzen wäre, hätte Gott die Jungens beschnitten auf die Welt gebracht. Es ist wie mit den Tattoos. Wenn einer das will, soll er es machen. Aber erst dann, wenn er es selbst entscheiden kann. Manche Menschen brauchen eine solche Symbolik. Gemeint ist aber die Beschneidung im Geiste.

Was ist der historische Sinn von Beschneidung?

Das ist wie mit dem Skalp der Indianer. Eine abgeschnittene Vorhaut war ein Zeichen des Triumphs. König Saul forderte zum Beispiel von David, ihm 100 Vorhäute seiner gefallenen Feinde zu bringen.[43] Diese Trophäe kann dir aber natürlich kein Gegner nehmen, wenn du selber schon beschnitten bist.

Oh, Mann! Wann hört das endlich auf? Der ehemalige Papst Benedikt XVI. nahm wissentlich in Kauf, dass durch sein Verbot, Kondome zu benutzen, das HI-Virus verbreitet wird und Menschen sterben.

Da siehst du mal wieder, dass die Kirche noch nicht mal im 19. Jahrhundert angekommen ist. Aber was sind 200 Jahre in einer

[43] 1 Samuel 18,25-27

knapp 2000 Jahre alten Institution. Es wäre was für Kabarettisten, wenn die Folgen nicht so tödlich wären. Wer ein Kondom überstülpt, beweist, dass Lust und Verstand keine Gegensätze sein müssen. Wenn ich Papst bin, werde ich Kondome verteilen. Mit dem Aufdruck: »Viel Spaß. Dein Papst.«

Der Benedikt-Papst hat am Ende seiner Amtszeit dazugelernt und zumindest einem eingeschränkten Gebrauch zugestimmt. Millionen von Aidserkrankungen vor allem in Afrika hätten vermieden werden können, wenn er zur rechten Zeit aufgeklärt statt polemisiert hätte.

Auch wenn der Kirchenlenker eingelenkt hat, weil er durch die normative Kraft des Faktischen dazu gezwungen wurde, den Schaden, den er angerichtet hat, muss er verantworten.

Die Abtreibung eines Kindes ist heutzutage ein unkomplizierter Eingriff. Papst Nummer 266, Franziskus, der 2013 den Heiligen Stuhl übernahm, bezeichnet sie als »verabscheuungswürdiges Verbrechen«. Wie würdest du als Jesus-Papst entscheiden? Darf eine Frau abtreiben?

Jedes Lebewesen, das in die Welt kommt, besitzt schon vor seiner Geburt eine Seele. Ohne diese gibt es keinen Körper auf der Erde. Pflanzen, Tiere, Menschen sind in unterschiedlichen Abstufungen beseelt. Im Fötus sind die Vorleben gespeichert. Diese kennt nur Gott. Wenn eine Frau sich nicht stark genug fühlt, die Verantwortung für diese unbekannte Seele übernehmen zu können, wie im schlimmsten Fall nach einer Vergewaltigung, muss sie sich entscheiden dürfen. Ein guter Priester wird ihr bei dieser Entscheidung helfen. Er wird versuchen, ihr den Plan Gottes mit jedem Menschen nahe zu bringen. Er wird sie in ihrer Liebe zu jedem Lebewesen bestärken, wird sich als ihr Vertrauter und gemeinsamer Erzieher anbieten, wird sie trösten und ihr beistehen, den besten Weg aus diesem Konflikt oder dieser fürchterlichen Gewalttat an ihr zu finden. Nachdem er geduldig Einsicht in die Psyche dieser Frau genommen hat, wird er eine Empfehlung aussprechen, aber kein Verbot. Dann wird er ganz für sich alleine für die Zukunft der beiden zu Gott beten.

Setzt die Vorstellungskraft eines Mannes, ob Priester oder Laie, bei einer solch schweren Entscheidung für eine Frau wie einer Abtreibung nicht aus?

Vielleicht sollte das Thema einmal von einer anderen Seite gesehen werden. Stell dir folgendes Szenario vor: In absehbarer Zeit sehen die Lenker der Kirche ein, dass Mann und Frau ein Fleisch aus Gott sind ...

... hoffentlich nicht so lange wie bei der Frage, ob sich die Erde um die Sonne dreht oder ob es sich umgekehrt verhält ...

... also stell dir vor, eine Päpstin wird zu ihrem Oberhaupt. Eine fremde Religion, für die das weibliche Geschlecht minderwertige Wesen sind, die ihnen nicht erlaubt, ihren Körper der Sonne auszusetzen, die ihnen befiehlt, ihr Gesicht zu verhüllen, erklärt dieser Päpstin den Krieg. Für sie ist eine Frau als Stellvertreterin Gottes ein Verbrechen und ein Grund, einen heiligen Krieg anzuzetteln. Sie überfallen den Vatikan. Ein Soldat vergewaltigt die Stellvertreterin Petri. Sie kommt mit dem Leben davon und kann in letzter Sekunde fliehen. Ein Kind wächst in ihr heran. Es ist offensichtlich ein Kind des Satans. Nicht wegen der fremden Religion, sondern weil jede Vergewaltigung ein Akt des Teufels ist. Die Vorgänger der Päpstin haben sich vehement gegen jegliche Abtreibung ausgesprochen und sie zur Sünde erklärt. Was soll sie tun?

Was würdest du ihr als Papst empfehlen?

Wenn der Glaube dieses weiblichen Oberhaupts des Vatikans so hoch ist wie ihre Stellung in der Kirche, wird sie das Kind austragen. Sie beweist damit, dass sie den Kampf zwischen Gut und Böse aufnimmt. Sie wird alles daran setzen, dieses Kind zur Liebe zu erziehen. Gelingt es ihr, hat sie dem Teufel eine seiner größten Niederlagen beigebracht.

Das Zölibat verpflichtet katholische Priester bis heute zur Ehelosigkeit. Dabei war Petrus verheiratet. Seine Frau begleitete ihn auf seinen Missionsreisen. Paulus fordert die Bischöfe und Diakone in seinen Briefen auf, gute Ehemänner zu sein und ihre Kinder gut zu erziehen. Dreihundert Jahre später verlangte die abendländische Kirche zum ersten Mal, dass sich ihre Priester asexuell zu verhalten haben. Das Ergebnis: uneheliche und verheimlichte Kinder, suizidgefährdete Priester, Liebestod von Bischöfen im Bordell oder Erpressungsmöglichkeiten von Kardinälen wegen einer Sexaffäre. Dazu – das ist eher amüsant – unterirdische Gänge zwischen Nonnenhaus und Mönchsherberge wie im bayrischen Kloster Zwiefalten, die …, na, zu was wohl dienten? Dem Teufel kann man es aber auch leicht machen, Widersprüche in deinem Verein aufzulisten. Warum so viel Angst und Aufregung der Kirche wegen der Sexualität?

Hingabe und Opferung der Leidenschaft für ein höheres geistiges Ziel. Ein Priester, der bereit ist, auf die Wonnen der sexuellen Lust zu verzichten, ist eine starke Seele. Er weiß, dass der Geist mehr Befriedigungspotential hat als der Körper. Nicht Triebunterdrückung, sondern Energietransformation ist sein Ideal. Sein Weg zur Erleuchtung ist geradlinig. Das ist auch die Lehre Buddhas. Aber niemand hat das Recht, anderen seinen Weg zur Gottesvereinigung vorzuschreiben. Auch nicht in Fragen der Sexualität.

Viele Päpste und Kardinäle wie die Borgias im 15. Jahrhundert hatten ein ausschweifendes Sexleben. Ihren Untertanen verboten sie das. Gelten für Päpste eigene Sexualregeln?

Vielleicht sollte der Stellvertreter von Petrus in der Lustfrage noch einmal den Heiligen Geist kontaktieren. Er kann ihm vielleicht zu der Erkenntnis verhelfen, warum bei der entscheidenden Überlebensfrage der Menschheit, nämlich der Fortpflanzung, ohne Sexualität gar nichts läuft. Oder warum ihre Spielregeln fürs Volk beim Sex obsolet sind. Oder noch würdiger einer Frage: Geht ihnen soviel Macht für Eva gegen den Strich? Will ihr patriarchalischer Zirkel durch die Unterdrückung von Sexualität nicht einfach nur die Kontrolle Evas über das Leben brechen? Fragen über Fragen an den Heiligen Geist. Ansonsten gilt: Gemeinsam gewünschter Sex ist kein Schwerverbrechen. Übrigens auch nicht für die Borgias.

Vielleicht missgönnen einige Priester anderen auch nur das kleine bisschen Glück durch sexuelle Befriedigung, weil sie es selbst nicht ausleben dürfen?

Wie bitte? Darfst du in das Haus eines anderen einbrechen, ihm seinen Besitz stehlen, weil du Besitzlosigkeit verlangst? Wenn ein Priester deswegen Missgunst spürt, sollte er sein Amt aufgeben.

Dominikus, der Namensgeber und Gründer des Dominikanerordens, war ein sehr gütiger und friedfertiger Mann. Auf dem Sterbebett soll er gesagt haben, dass es eine einzige Verfehlung in seinem Leben gibt, zu der er sich schuldig bekenne: Er habe in seinem Sprechzimmer immer gerne schöne Damen empfangen. Im Namen dieses Ordens ließ der Mönch Heinrich Kramer, zu Zeiten der Inquisition im 15. Jahrhundert, über zweihundert Frauen öffentlich als Hexen verbrennen. Gott kotzt?

Gott weint bittere Tränen um jedes dieser Opfer. Ihr Mörder endet in der Hölle. Da nützt auch ein Orden nichts.

Einige Priester und Bischöfe scheuen sich nicht davor, kleine Kinder zu missbrauchen. Die Kirche half ihnen oft dabei, das zu vertuschen. Was sagt Gott dazu?

Gott kotzt.

Petrus heißt im griechischen »kephas«, Fels. Dein Vater scheint einer gewissen Ironie nicht abgeneigt: »Du bist Petrus, und auf diesen Felsen will ich meine Kirche bauen.« Dieser Spruch wird von kritischen Bibelforschern als Hinzufügung der späteren Kirche gedeutet. Dennoch scheinst du die Zukunft deiner Nachfolger sehr gut vorausgesehen zu haben.

Petrus steht hier für viele meiner Anhänger, deren Glauben auf Sand und nicht auf einen Felsen gebaut ist. Wenn der Glaube wie ein Fels steht, kann er ganze Berge versetzen. Das muss nicht immer der Montblanc, das kann auch der Berg der Verzweiflung sein.

Du hast es Petrus und deinen Jüngern aber auch nicht leicht gemacht. Und wenn's dann mal unmetaphorisch konkret wurde, hast du noch eine Nummer draufgesetzt. Zum Beispiel, als du über den See zu dem Boot gingst, in dem sie gerade segelten. Sie hielten dich für ein Gespenst.[44]

Das ist gut nachvollziehbar, wenn dir jemand zu Fuß auf dem Wasser entgegenkommt.

Petrus schien dir aber zu vertrauen und ging dir mutig auf den Wellen entgegen.

[44] Matthäus 14,25-26; Markus 6,48-50; Johannes 6,19-20

Das klappte die ersten Meter ganz gut. Der Wind wurde aber plötzlich immer stürmischer und gewaltige Wellen türmten sich auf. Sein Glaube, dass ein Mensch bei solcher Naturgewalt einfach über einen See spazieren kann, verließ ihn. Er begann unterzugehen und wäre beinahe ertrunken.

Stell dir mal vor, er wäre ertrunken.

Mit mir ertrinkst du nicht. Zudem wollte ich Petrus nicht in diese Situation bringen. Aber er bedrängte mich und rief: »Befiehl mir!« Einem Befehl zu folgen, hat mit Glauben wenig zu tun. Es ging darum, sein Vertrauen in mich auf die Probe zu stellen. Die Aufhebung eines physikalischen Naturgesetzes. Eine Herausforderung, die er nicht meisterte. Er wollte als leuchtendes Vorbild in die Geschichte eingehen. Aber deswegen war ich ihm nie gram.

Ein paar hundert Jahre vorher war Buddha in einer ähnlichen Situation. Er war mit einigen Jüngern unterwegs, die wohl ein bisschen mit ihm angeben wollten. Als sie an einen Fluss kamen, über den es keine Brücke gab, schlugen sie ihm vor, ihn zu Fuß zu überqueren. Buddha lächelte, deutet auf ein Boot am Ufer und sagte: »Nehmen wir das. Viel bequemer.«

Exakt. Ich liebe meinen Bruder Buddha für diese Geschichten.

Die Aufhebung von Naturgesetzen scheint fester Bestandteil des Glaubens an dich zu sein.

Petrus und die anderen Jünger haben unzählige Beispiele mit eigenen Augen gesehen, die kein normal Sterblicher vollbringen konnte. Der Gang auf dem Wasser war da eine der leichteren Übungen.

Was sonst?

Kranke heilen, den Wellen Befehle erteilen, Fische vermehren, Tote auferwecken ... Was sollte ich mehr tun, um die Existenz Gottes zu beweisen?

Das kann auch als Spinnerei von Märchenerzählern abgetan werden.

Aber warum sollten meine Jünger solche Geschichten erfinden? Ich habe keinem von ihnen Macht oder Reichtum oder schöne Jungfrauen versprochen. Im Gegenteil. Als sie begannen, darüber zu disputieren, wer welchen Rang habe und im Himmel der Größte sei,[45] war meine klare Antwort: Der Geringste unter euch. So viele Lügengeschichten erfinden, um dann der Geringste zu sein?

Das heißt für dich als Papst? Keine Extrawürste mehr?

Wer der erste sein will, soll der letzte sein. Ein selbstloser Diener. Keiner, der sich auf einen Thron setzt und mit Gold behangen wird. Wer wirklich meinen Worten glaubt, gibt jedes Eigentum auf und ist ein Besitzloser. Er verwirrt niemanden mit theologischen Wortgefechten. Nehmt euch ein Beispiel an den Mönchen Buddhas. Sie missionieren nicht, aber jeder kann sie um Rat fragen.

Ist das nicht unrealistisch? Jede Idee braucht organisierte Anhänger, um sich durchzusetzen.

Aber keine Zwangsbeglückung. Priester sollten der Beweis sein, dass ein Ideal gelebt werden kann. Niemand wird heute in de-

[45] Matthäus 18,1-4; Markus 9,33-35; Lukas 12,22-30

mokratisch legitimierten Staaten zum Glauben gezwungen. Aber wenn sich jemand für den Beruf des Priesters entscheidet, sollte für ihn oder für sie die Hingabe an den Nächsten so selbstverständlich sein wie das Wetter. Ihre Selbstlosigkeit unterliegt keinem Nutzen-Profit-Modell. Ihre Hilfe misst sich nicht an profitablen Ergebnissen. Priesterlicher Einsatz ist das Gegenteil von Unternehmertum.

Die evangelische Kirche in Deutschland hat in ihrer Geldnot im Jahr 2008 eine weltbekannte Unternehmensberatungsfirma angeheuert, um einen Weg aus ihrer finanziellen Krise zu finden. Seitdem wissen wir, dass die evangelische Kirche sich als Unternehmen sieht. Wie viel Profit darf sie machen?

Der einzige Profit, an dem die Kirche interessiert sein sollte, ist der Profit im Himmel. Wer sich da Sorgen um Bürostühle, Pensionskassen und den Fuhrpark macht, beweist damit, dass er das, was er verkündet, selber nicht glaubt. Ich habe doch im Gleichnis von den Vögeln im Himmel und den Lilien auf dem Felde klar gesagt: »Sorgt euch also nicht um morgen ...«[46] Sind das nur Wortspielereien oder kühne Ideen?

Es hat ja durchaus schon Versuche gegeben, diesem Ideal zu folgen. 1965 gab es den Katakombenpakt einiger Bischöfe in Rom. Sie schworen, so zu leben wie du es vorgelebt hast. Dom Helder Camara war einer ihrer Helden.

Ja, das haben sie dann schön abgeschmettert – da auf den goldenen Stühlen.

Klingt nicht so, als wäret ihr die besten Freunde. Die Kirche und du.

[46] Matthäus 6,25-34

Petrus hat viel bewirkt. Auch wenn ich nicht mit allem einverstanden bin. Priester kämpfen in der Welt gegen Hunger und Vertreibung. Sie riskieren dabei täglich ihr Leben. Sie sind mit die Ersten, die bei entfesselten Seuchen vor Ort sind. Sie pflegen sterbende Aids-Kranke, die von jedermann verlassen wurden. Sie besorgen selbstlos Spenden für den Bau von Schulen in abgelegenen Regionen und unterrichten in lebensgefährlichen Rebellengebieten, wo sich keine Regierungsbeamten mehr hinwagen. Sie organisieren das Überleben von Flüchtlingen und helfen nicht nur mit dem Geld ihrer Gemeinden, sondern spenden auch Trost. Immer, wenn Priester sich als hingebende Seelsorger verstehen, zeigt sich die Institution als lebendiges Wesen. Als hierarchisch angelegtes System hingegen macht sie es ihren Gegnern viel zu leicht, sie zu verachten.

Da tauchen bei mir Bilder von brüllenden amerikanischen Fernsehpredigern auf. Anscheinend kann jeder mit deiner Lehre machen, was er will. Und deine Jünger waren auch nicht besser, als sie schroff die Eltern abwiesen, die ihre Kinder zu dir bringen wollten.

Ich habe die Kinder gegen die Dummheit meiner Jünger dann zu mir gerufen und sie gesegnet. An der Arroganz meiner Gefolgsleute konnte ich klar machen, dass man das Reich Gottes wie ein Kind annehmen soll. Nicht wie ein Theologe. Kleine Kinder haben ein reines Herz. Ohne Arglist, ohne Scheu, voller Zutrauen.

Dann haben Erwachsene keine Chance, in den Himmel zu kommen? Denn, – ich zitiere deine Worte – »Wer das Reich Gottes nicht so annimmt wie ein Kind, der wird nicht hineinkommen.«[47]

Der Mensch hat ein biologisches und ein seelisches Alter. Egal wie alt ein Mensch ist, er hat dieses reine Kind in sich. Dieses

[47] Matthäus 19,13-15; Markus 10,13-16; Lukas 18,15-17

Kind in dir ist wie ein strahlender Diamant, der im Laufe eines Lebens oftmals von einer trüben Schmutzschicht verdunkelt wird. Sobald du diesen Dreck der Welt wegschaffst, kommt der Juwel deiner reinen Seele wieder zum Vorschein. Je länger jemand leben darf, desto eher wird das gelingen. Deswegen gilt in allen Kulturen ein langes Leben als Geschenk.

Als du deinen Jüngern deinen Tod angekündigt hast, nahm Petrus dich beiseite und machte dir Vorwürfe. Er sagte: »Das soll Gott verhüten, Herr! Das soll nicht mit dir geschehen!« Deine Antwort war sehr verletzend: »Weg mit dir, Satan, geh mir aus den Augen! Du willst mich zu Fall bringen, denn du hast nicht das im Sinn, was Gott will, sondern was die Menschen wollen.«[48] *Petrus hatte es doch nur gut gemeint. Seine Kirche meint es vielleicht auch immer gut?*

Petrus war auf seinen Vorteil bedacht, denn mit meiner Verurteilung war auch das Leben aller meiner Jünger gefährdet. Er verbarg das aber hinter einer Sorge um mich. Eine Heuchelei. Deswegen musste ich so scharf werden.

Durch die vielen Austritte wird die Kirche vielleicht bald auf einen harten Kern reduziert sein. Millionen werden den Papst weiterhin wie einen Popstar feiern, aber den Glauben an Gott richten sich viele Menschen inzwischen ganz privat ein. Hat der Verführer sein Ziel erreicht?

Dem Teufel mag es gelungen sein, einen Teil der Kirche zu unterwandern. Er hat es geschafft, dass heilige Kirchengebäude zu Büros von Anwaltskanzleien und Werbeagenturen umgewandelt werden. Als Bischof ist es ihm sogar gelungen, sich auf Gemeindekosten ein privates Luxusdomizil zu bauen. Seinen Stellver-

[48] Matthäus 16,22-23; Markus 8,31-33

tretern gelingt es immer wieder, den Schutz der Institution für Verbrechen zu nutzen. Siehe die enge Verbindung zur Mafia in Italien.

Papst Franziskus räumt auf. Er hat alle Mafiosi entkommuniziert.

Viele Priester halten sich nicht daran. Der Eid, den sie geleistet haben, gilt dem Teufel, nicht Gott. Ein echtes Wunder, dass nicht noch viel mehr rechtschaffene Bürger der Kirche kopfschüttelnd davonlaufen.

In Deutschland muss man sogar dafür bezahlen, wenn man dieses kenternde Schiff verlassen will.

Jagt den Teufel aus der Kirche, dann wird das Schiff wieder flott. Aber viel wichtiger ist, dass er vollständig darin versagt hat, die Frage nach Gott in den Menschen auszulöschen. Im Gegenteil. Mehr und mehr Menschen fragen sich, ob Gott und die Kirche vielleicht doch eine Bedeutung für ihr Leben haben und wer dieser Gegenspieler Gottes ist, wo er sich verbirgt und welche Verbrechen er begeht. Ihr lebt in einer Welt, die dem Teufel immer schneller auf die Schliche kommt. Ihr macht es richtig. Lasst ihn keinen Tag mehr Ruhe finden, benennt ihn und erklärt seine Methoden. Denn was ihm gar nicht schmeckt, ist, dass je mehr sein Missbrauch aufgedeckt wird, er desto mehr die Neugier auf sich zieht. Er löst Empörung aus. Wut. Erklärungen werden verlangt. Die Kirche besteht doch nicht nur aus Kinderschändern. Fragen öffnen den Geist. Und manch einer, der nie daran dachte, an Gott zu denken, beginnt in seinem Kämmerchen nach Antworten zu suchen. Ein kleines Pflänzchen wächst. Ein Senfkorn kann zu einem Baum werden. Wer ist dieser Gott? Gibt es eine Religion, die mir näher steht als die der offiziellen Kirchen? Kann ich verschiedene Glaubensrichtungen mischen? Manch einer, der Gott ablehnte, beginnt im Stillen zu beten. Könnte ja etwas bringen. Kostet nichts. Warum soll ich als ein Arbeitsloser den ganzen Tag einsam vor dem Fernseher hängen? Warum nicht wieder einmal zu einem Gottesdienst gehen? Was vertritt der Pastor in meiner Gemeinde? Vielleicht kann ich ihm meine Sorgen anvertrauen. Geteiltes Leid ist halbes Leid. Vielleicht kann ich dort sympathische Menschen treffen. Eine Aufgabe finden. So entsteht aus dem Unheil, das der Teufel im Laufe der Kirchengeschichte angerichtet hat – von brutalster Perversion bis hin zum mickrigen Gesichtsausdruck eines Pfarrers –, vielleicht sogar eine neue Institution. Eine, die radikal bei der Sinnsuche des Lebens hilft. So wie es von mir vorgelebt wurde.

Warum kann mir die Fragen nach dem Sinn des Lebens auch der Papst bis heute nicht beantworten? Warum verhungert alle fünf Sekunden ein Kind? Warum bringt sich alle 40 Sekunden ein Mensch um? Warum gelingt es Unternehmen, die Natur in gigantischem Ausmaß zu zerstören? Warum sterben Millionen an Seuchen? Warum werden Kinder zum Kriegsdienst gezwungen? Warum werden Frauen als Sexsklavinnen verkauft? Was sagst du als Papst dazu?

Stellst du jetzt nur Fragen oder willst du dich auch für ihre Lösung einsetzen? Vielleicht liegt darin der Sinn des Lebens: Lösungen finden.

Ich will eine Antwort. Im Jahr 2004 tötete ein Tsunami an den Küsten Ostasiens unschuldige Menschen. Wem hatten sie etwas getan?

Es mag grausam klingen, aber die Antwort wird immer dieselbe sein: Zufall. Sie waren zu einer Zeit an einem Ort, an dem ein Seebeben in Gang gekommen war. Dahinter gibt es keinen anderen Plan, nur Gesetzmäßigkeiten der Natur. Viele hätten an diesem Weihnachtstag gerettet werden können, wenn man sie über die Signale, die solch einem Naturereignis vorausgehen, aufgeklärt hätte. Das wiederum war kein Zufall, sondern Versagen der Regierungen.

Zufall? Wo ist da Gott?

Der Zufall gehört zur Lebensmatrix der Schöpfung. Eine Mücke sticht dich, nicht weil es dahinter einen großen Plan Gottes gibt, sondern weil du auf ihrer Flugbahn liegst. Beim vernichtenden Erdbeben von Lissabon 1755 flohen die Menschen vor der Feuersbrunst ins Meer und glaubten, sie seien gerettet. Dann kamen die haushohen Wellen des Seebebens und zerschmetterten sie am Strand. Ob es dir gefällt oder nicht – ein allmächtiger und freier Gott muss auch den Zufall zulassen.

Was für ein jämmerlicher Trost. Erzähl' das mal einer Mutter, die ihr Kind durch einen Unfall verloren hat. Eine solche Mutter findet keinen Trost.

Doch. In mir. Ich tröste sie und ich werde ihr helfen.

Ja, das sagt sich so leicht.

Ich werde tief in ihrem Herzen mit ihr sprechen. Der Schmerz, durch den Eltern gehen, die ihr Kind verloren haben, ist eine der härtesten Prüfungen im Leben. Gott weiß um diese unsagbare Trauer, die manchmal Jahre dauern kann. Wer sie ertragen muss, wird von allen vorherigen Leben befreit sein. Sie werden den Tod nicht mehr sehen.

Wo ist da der Trost?

Erinnere dich an die Beerdigung von Barbaras Sohn Theo. Hab' keine Angst, es zu erzählen, sie werden es dir nicht übel nehmen.

Theos plötzlicher Tod war für alle ein Schock. Er starb im Alter von 37 Jahren an einem Herzinfarkt. Die Beerdigung fand an einem kühlen Apriltag nach einem eiskalten Winter statt. Die Kirche in dem kleinen Dorf in Sachsen, wo er seinen landwirtschaftlichen Betrieb hatte, war überfüllt. Er war sehr beliebt. Alle wollten von ihm Abschied nehmen. Vom Feuerwehrmann bis zur Dorflehrerin und seine sämtlichen Freunde aus München. Ich stand oben auf der Empore, direkt neben der Orgel, und konnte die Trauerfeier überschauen. Der Sarg war mit roten Rosen überdeckt. Die Familie hatte sowohl den katholischen wie den evangelischen Pfarrer gebeten, die Zeremonie gemeinsam zu führen. Auch ihnen spürte man die Betroffenheit über diesen jungen Tod an. Während der Trauerfeier wurde es auf einmal still. Es war keine gewöhnliche Stille. Sie dauerte vielleicht zwei, drei Sekunden. Plötzlich umflogen Schmetterlinge den Sarg. Schmetterlinge Anfang April? Einer von ihnen setzte sich auf die Hand von Barbara. Wer weiß, wer das noch alles bemerkte, aber ich sah es, dank meiner Position, einwandfrei. Nach einer Weile stand Barbara auf und trug den weißen Falter zum Sarg. Dort blieb er. Als der Sarg herausgetragen wurde, flatterte er auf und flog ihm wie eine Ehrengarde voraus. Ich habe das wirklich mit eigenen Augen gesehen. Was für ein würdevoller Zufall, dachte ich. Auf der gemeinsamen Rückfahrt im Bus nach München fragte ich ihre Freundin Petra, ob sie ebenfalls den Schmetterling gesehen hatte. Ja, sie hatte. Ihre Augen wurden feucht. Ob ich denn die Geschichte dahinter kenne? Sie erzählte sie mir. Barbara hatte Gott um ein Zeichen gebeten, dass ihr Sohn im Himmel angekommen sei. Falls ja, sollte er Schmetterlinge zum Sarg schicken. Das warst du?

Wenn mich ein Trauernder bittet, werde ich solche Zeichen tun. Auch in ihrem Fall habe ich klar gemacht: Sie wird ihr Kind im Himmel wiedersehen. Vergiss nicht, auch meine Mutter musste diesen schier unmenschlichen Schmerz ertragen. Das Schwert der unbarmherzigen Trennung, das Gott ihr durch die Seele stieß, gab

Maria aber letztendlich die Kraft, meinen Tod nicht mehr als persönliches Leid zu empfinden. Sie hatte eine höhere Stufe erreicht. So konnte sie die Vertraute vieler verzweifelter Menschen werden.

Beantwortet das die Frage nach dem Sinn des Lebens?

Nein. Das musst du schon selber tun. Und, wenn du mich fragst, so langsam solltest du ja wissen, was wichtig ist, und was nicht. Ein kleiner Tipp: Always Look on The Bright Side of Life ...

Das klappt ganz gut auch ohne den Glauben an Gott.

Ob mit oder ohne Glauben, die korrekte Antwort trägt immer zum Sieg der Vernunft über des Teufels Wahnsinn bei. Viele verantwortungsbewusste und mutige Aktivisten mögen nichts von Gott halten, weil er ihnen fremd geworden ist, aber sie haben ein Ideal und riskieren oft ihr Leben, um zum Beispiel skrupellose Firmen und Politiker zu stoppen. Sie sind die besten Anwälte für Fragen nach dem Sinn des Lebens.

Hast du die Priester vergessen?

Priester haben den härtesten Job. Sie sollten kluge Analytiker ihrer Zeit sein und die Menschen mit der großen Wahrheit Gottes vertraut machen. Sie sollen in seinem Namen Widerstand gegen die vielen Kains leisten.

Widerstand im Namen Gottes? Den haut dir jeder aufrechte Intellektuelle heute um die Ohren!

Ich weiß. Kein leichter Job in einer Zeit, die Gott beiseitegelegt und Skeptizismus und Ichbezogenheit zu Lebensmaximen erhoben hat. Dietrich Bonhoeffer, Mahatma Gandhi, Nelson Mandela, Aung San Suu Kyi, sie alle haben aus der Kraft eines Geistes geschöpft, der größer ist als sie. Egal welchen Namen sie ihm geben.

Du hast vielen Revolutionären wie zum Beispiel Che Guevara als Vorbild gedient. Wie stolz bist du darauf?

Wer mich als politische Gestalt interpretiert, reduziert mich gewaltig und verkennt, dass ich dazu da bin, der Liebe den Weg zu ebnen. Ohne Gewalt. Zwietracht schüre ich jedoch mit Absicht, wenn sich eine Idee in ihrer Ausführung gegen die Menschen richtet. Sie mag noch so klug daherkommen. Aber Che hat einen wunderbaren Satz gesagt, den ich als Papst verbreiten werde. Willst du ihn hören?

Jesus zitiert Che Guevara!

»Man muss stark werden, ohne seine Zärtlichkeit zu verlieren.«

Warum werden solche Menschen eigentlich nicht Papst?

Müssen sie nicht. Es gibt andere Wege, Stärke und Zärtlichkeit zugleich in der Welt groß werden zu lassen. Nimm zum Beispiel Franz von Assisi. Er hat als konsequenter Christ gelebt. Er hat sich von allem materiellen und geistigen Besitzdenken losgesagt. Für ihn war die Erde zur Pflege da und nicht zur Selbstbedienung. Er war, wenn du so willst, der erste Umweltschützer der Welt. Am Ende seines Lebens zog er sich in eine kleine Felsnische zurück, um dort zu meditieren. Er ist ein Vorbild, auch für die Kirchenfürsten. Schau nicht so verdattert. Meinst du, als Papst würde ich im Vatikan leben?

Wo denn sonst?

Ich ziehe in eine Wohngemeinschaft.

WOHNGEMEINSCHAFT MIT GOTT. UND WER RÄUMT DEN DRECK WEG?

Bist du sicher, dass du was findest? Wie hättest du es denn gerne?

Altbau in traditionellem Stadtteil.

Darf ich raten? Eine Stadt, die etwa 5000 Jahre alt ist, und Gottes Wohnstatt für drei Religionen? Was unterscheidet sie von Moskau, Peking oder New York?

Schon vor den Israeliten galt der Zion in Palästina als Gottesberg und Gottessitz. Ein karger Bergkamm. Die Lage solcher Orte wurde von Astronomen berechnet und ihr Zentrum festgelegt. Sie übertrugen dabei Konstellationen des Sternenhimmels auf die Erde. Wenn Menschen einen solchen Ort einmal ausgewählt haben, setzen sie dort geistige Ströme frei, die sich real spüren lassen. Je intensiver sie sich geistig an diesen Ort binden, desto mächtiger wird diese Energie. Die Kultur jedes Volkes kennt solche Kultstätten. Hier sollen Gottheiten wohnen oder sich offenbaren. An einem solchen Ort also wurde Jerusalem gegründet. Auch deswegen konzentrieren sich in dieser Stadt irdische und spirituelle Energien in besonderer Weise. Aber ohne spirituellen Zufluss verschwinden diese Orte von der Landkarte der kosmischen Energien. Das gilt für Angkor Wat im großen wie im kleinen für jede Kirche in einem Duisburger Vorort, die von den Bischöfen aufgegeben wird. Übrigens auch für Amulette. Die Buddhisten, die ja die reinsten Amulettfetischisten sind, lassen ihre Buddha-Anhänger oder Mantra-Ketten von Mönchen regelmäßig wieder aufladen. Alles nur Aberglaube?

Na ja, ich kann auch an Glücksschweinchen glauben.

Weißt du noch, wie der Priester in deiner Jugend in Meerbusch einmal im Jahr alle Autos segnete? Also, kein Grund zur abendländischen Überheblichkeit.

O.k., zurück nach Jerusalem. Juden, Christen und Muslime erheben Anspruch auf diese heilige Stadt – und richten dort Blutbäder an. Woher der Missbrauch dieser Gottesstadt?

Drei Gründe. Erstens: Glaubensschwache Menschen teilen ungern ihren Gott mit anderen. Zweitens: Sie können eine andere Glaubensorganisation nicht an ihrer eigenen Weihestätte ertragen. Drittens: Die gefährlichsten Glaubenseiferer schlagen sich an solchen Orten gerne die Köpfe ein, weil sie glauben, ihren Meister dadurch zu beeindrucken, wenn sie für ihn einen Ort besetzen. Architektur ist Macht. Wenn ich ein Gebäude niederringe, kann ich meine eigene Herrschaft besser installieren. Denk an die russische Fahne über dem Reichstag. Und was das für ein Signal war. Wenn eine Religion sich über eine andere erheben will, dann wird auch sie als erstes deren Symbole zerstören und die eigenen an ihre Stelle setzen. Oft übernimmt sie auch deren Personal und Inventar. Das lief in Jerusalem von Anfang an genauso ab. König David kaufte vom König der Jebusiter dessen »heilige Tenne«. Er baute dort einen Altar für Gott. Später errichtete Salomon darüber den Tempel. Die Griechen verwandelten diesen wiederum in ein Heiligtum für den Chef ihrer Götter, Zeus. Die Christen erbauten dann später in Jerusalem die Grabeskirche. Als Letzte errichteten die Muslime den Felsendom, der heute so stolz über der Altstadt thront. Genau an der Stelle, an der einst der Tempel Salomos gestanden hatte. Jeder glaubte dadurch drei Symbole mit einer Klappe zu schlagen: erstens werden die alten Orte der Götzenanbetung versteckt, zweitens geschändet und drittens übernimmt man deren geistige Energie für die eigene Kultstätte.

Was soll diese sinnlose Barbarei?

Meine Religion ist stärker als deine. Sieh, was ich machen kann, ohne dass dein Gott etwas dagegen tut. Ich nehme mir deine Weiber, ich schlachte deine Kinder. Die Grundfrage dahinter lautet: Wieso sind religiöse Eiferer noch verbohrter als Politiker? Mein direkter Vorschlag an die Einwohner: Gründet endlich eine United Religion Organisation in Jerusalem. Die Präambel könnte so lauten: In Gottes Wohngemeinschaft sind Waffen, Schlägereien und Hasspredigten verboten.

Warum sind Orte wie Jerusalem so ungeschützt, obwohl sie von göttlichen Energien erfüllt sein sollten?

Licht zieht Schatten an. Luzifer eilt mit seinen Helfern dorthin, um sich die heiligen Stätten und deren Bewohner gefügig zu machen. Und du weißt: Je heller das Licht, desto dunkler der Schatten. Leider ... ähm ... kann man den Teufel nicht mit Atomraketen bedrohen. Es gibt keine UNO-Resolution, keinen Atomwaffensperrvertrag mit jemandem, der sich wie der Typ in Korea oder der im Iran aufführt. Und mit dem klassischen Appeasement kommt man auch nicht weiter ... wir haben unsere Waffen. Aber der eben auch. Deswegen wird in Jerusalem so lange gekämpft, bis Satan besiegt ist.

In dieser Stadt treffen also himmlische und irdische Kräfte aufeinander. Die Juden sind von Feinden umstellt. Der Hass, der ihnen von Seiten der Araber entgegenschlägt, wäre auch für jedes andere Volk ein Grund zur Verbitterung. Nachdem Gott sie anscheinend im Stich gelassen hat, müssen sie sich alleine wehren. Willst du ihnen das verbieten?

O.k. Sie habe genug Waffen, um sich zu schützen. Richtig? Sie haben genug Geld, um nicht zu verhungern. Richtig? Sie haben genug Macht, um ihren Willen international durchzusetzen. Richtig? Die Palästinenser hungern und ihre Wirtschaft liegt am Boden. Richtig? Ihre Führung ist auf Krieg aus. Richtig? Aber will das auch der größte Teil der Bevölkerung? Ja? Nein? Dann wäre die nächstliegende Idee, wie bekomme ich die Palästinenser auf meine Seite? Jeder weiß, dass satte Menschen ihre Ruhe wollen. Also, Israel. Wie viel finanzielle Mittel kannst du zum Beispiel aufbringen, um die Palästinenser mit Nahrung, Häusern, Land und einer funktionierenden Ökonomie auszustatten? Das Land, das deine Siedler illegal okkupieren, gib es zurück! Mach deinen Feind zu deinem Freund! Warum investierst du nicht einen Teil deiner Rüstungsausgaben in Schulen und Krankenhäuser in Palästina? Warum bist du nicht der Motor, der diesem Volk ein Leben in Freiheit und Wohlstand ermöglicht? Hat der Pharao das nicht mit Joseph schon einmal vorgemacht? Und der Prophet Elischa mit den Aramäern? Wo sind die Priester, die daran erinnern?

Wie lange ist das her? Zweitausend, dreitausend Jahre. Wie soll ein Mensch Schlüsse aus etwas ziehen, an dem er nicht selbst teilgenommen hat? Ich fürchte, Gott rechnet da in Zeit- und Erfahrungseinheiten, die dem Menschen nur bedingt offen stehen.

Das kann dir niemand abnehmen. Aber es gilt auch Tausende Jahre später immer noch die biblische Vorhersage, dass in Jerusalem in der Zeit der Erlösung »Schwerter zu Pflugscharen geschmiedet«[49] werden. So schwer zu verstehen? Wozu also die ganze Rechthaberpolitik?

Vielleicht sollte der Klügere den heiligen Ort aufgeben?

49 Micha 4,3; Jesaja 2,4; Joel 4,10

Ein heiliger Ort ist kein Disneyland, in das man rein- und rausspaziert. Es steht selbstverständlich jeder Religion frei, sich einen anderen Ort zu wählen und ihre heiligen Symbole mitzunehmen. Das hat es im Lauf der Geschichte oft gegeben. Aber das fordert weise und mutige Entscheider, keine Fanatiker oder Volksverführer. Jerusalem wird aber eines Tages ein Ort des spirituellen Friedens werden.

Und wer räumt bis dahin den Dreck weg? Sprich all die hasserfüllten Gedanken und feindseligen Aktionen?

Jeder, der Dreck macht, muss ihn auch wegräumen. Und sollte nicht erst auf das Donnerwetter vom Papa oder von einem Propheten warten. Aber ich mache gerne den Anfang und räume mit meinen Freunden für die, die sich dafür zu schade sind oder den Dreck nicht sehen, den Hass weg. Mit solchem Müll kenne ich mich bestens aus und mir macht das nichts aus. Im Gegenteil, wenn's danach wieder glänzt, war das jeder Mühe wert.

»Jesus – deine persönliche Müllabfuhr!« Ich bitte dich. Gerade in Jerusalem, wo sich alle drei abrahamitischen Religionen sogar um einen Tempelberg streiten.

Es kommt darauf an, dass der Müll wegkommt und nicht, wer das macht.

Dreck gibt es in Wohngemeinschaften gerne in Ecken, wo man ihn nicht so schnell sieht. In einer deiner Wohnungen, dem Kölner Dom, gibt es einen Verkaufsraum. Dort werden u.a. Golfbälle verkauft, auf denen dieser heilige Katholikentempel aufgedruckt ist. Jedes Mal also, wenn ein Golfer diesen Ball wegknallt, bekommt die Kathedrale einen Schlag wie bei einer deftigen Ohrfeige und landet in einem engen Loch. Dort liegt der Dom dann wie in einem kleinen Grab. Ist das das Spaßlevel in Gottes Wohngemeinschaft?

Schwarzer Humor.

Warum akzeptiert Gott solche Wohnungen?

Und? Sollte er ein Geschenk seiner Kinder nicht annehmen, nur weil einige Hausverwalter die Anlage als persönliche Spielwiese ansehen? Er wird doch auch anders genutzt. Mein Vater Joseph betete im Tempel. Ich wurde als Baby dort geweiht. Solange niemand geschädigt wird, kann Gott bei dem Treiben zwischen diesen Steinen gut wegsehen. Er ist nicht zickig wie ein frustrierter Hausmeister. Selbstverständlich wäre er beglückt, wenn sich der Tempel als reiner Meditationsort erweisen würde.

Das scheint lange her. Der wohl älteste Tempel der Welt wurde etwa 8000 Jahre vor deiner Geburt in Jericho errichtet. Gerade mal 20 qm. Zu jener Zeit ging die Menschheit vom Jägerdasein zur Sesshaftigkeit über. Schlafzimmer und Küche und Klo machen beim Sesshaftwerden Sinn. Aber was trieb den Menschen damals an, sich einen Kultort zu schaffen?

Der älteste Tempelbau der Welt beweist, dass Menschen immer schon mehr suchten als nur Nahrung, Kleidung, Gesang am Lagerfeuer und ein Dach über dem Kopf. Auch Fortpflanzung ist nicht das letzte Ziel im täglichen Überlebenskampf. Es braucht einen Ort für Rituale und Drogen.

Opiumrituale im Tempel?

Die Priester des Tempels kannten bestimmte Kräutersubstanzen und Zeremonien, die halfen, in andere Welten einzutauchen. Das musste unter Anleitung geschehen. An einem Ort, an dem die andere Welt draußen bleibt. Das gibt es alles auch heute noch, abseits eurer Fernsehrealitäten. Es wird unspektakulär praktiziert. Diese Perlen sollen nicht den Säuen zum Fraß vorgeworfen werden. Das Schwenken von Weihrauch übrigens ist eine Erinnerung an diese mythischen Weltüberschreitungen.

Mythisches Weltüberschreitungszentrum! Das könnte das Rezept für die Idealkirche sein. Vor 2000 Jahren wurde ja bereits in Qumran ein Idealtempel skizziert. Die Bauanleitung fand sich in der 1977 veröffentlichten sog. »Tempelrolle« der Sekte. Was galt da als ideal?

Glaubst du, mein Vater schaut auf Baupläne?

Das wäre manchmal nicht schlecht.

Was ist von Qumrans idealer Wohngemeinschaft übriggeblieben außer beeindruckender Höhlenlandschaft und Textquellen, die beweisen, dass Menschen in Glaubensfragen eigene Wege gehen und Kultorte bauen. Der Idealtempel ist in deinem Herzen.

Steine kann ich anfassen, um Heiligtümer kann ich herumlaufen. Das ist allemal einfacher, als den Sitz Gottes in einem faustgroßen Hohlmuskel zu lokalisieren.

Wo sind die Steine, wenn du um die Ecke gebogen bist? Zu Gott musst du nicht Tausende von Kilometern pilgern. Und du bekommst von ihm auch keinen Extrabonus, wenn du auf Knien zu ihm rutscht oder einmal im Leben schwarze Steine umrundest. Gott braucht kein Haus, um mit dir zu sprechen.

Dann hat sich dein Vater aber gewaltig geändert. Noch zu König Davids Zeiten, also vor ca. 3000 Jahren, hat er zugelassen, dass dieser einen Tempel in Jerusalem plant.

Planen ist nicht bauen. David hatte in Kriegen so viel Blut vergossen, dass er noch nicht mal die Erlaubnis bekam, für Gott eine Hütte zu errichten. Erst sein Sohn Salomon, der friedlicher auftrat, durfte dem Namen Gottes einen Tempel errichten. Wohlgemerkt für den »Namen«, nicht für Gott selber.[50]

46 Jahre wurde – so heißt es – am Tempel Salomons gebaut. Er sollte perfekt sein. Von der Basilika bis zu seiner Vollendung brauchte der Petersdom über 1000 Jahre.

Was bedeutet das schon? Man kann ihn wie jedes Bauwerk in ein paar Tagen einreißen oder wegbomben.

Und du baust ihn in drei Tagen wieder auf? Die Hohepriester wollten dich wegen dieser Ketzerei ermorden.

Wenn es sein muss, in drei Sekunden. Aber ich meinte den Tempel meines Körpers. Als ich drei Tage nach meiner Hinrichtung von den Toten auferstanden bin, habe ich diesen, genau wie vorhergesagt, wieder aufgebaut.

Der Tempel in Jerusalem wurde danach, wie von dir ebenfalls vorausgesagt, zerstört und nicht wieder aufgebaut. Nur die Westmauer blieb erhalten und dient den Juden heute als Klagemauer.

Baut mir an dieser Stelle bitte einen Freudengarten. Genug geklagt!

Lernen von den Buddhisten? In ihren Ländern wird der Tempel auch heutzutage ganztägig als Mittelpunkt des Dorflebens genutzt. Bei unseren Kirchen steht man meist vor verschlossenen Türen.

Das ist dumm von den Eigentümern. Es ist, als würde sich ein Koch im Restaurant einschließen und sich wundern, dass nie-

[50] 1 Chronik 28,2-3; 1 Chronik 28,9-10

mand zum Essen kommt. Ich selber habe den Tempel als Treffpunkt genutzt und dort oft diskutiert, denn die Menschen konzentrieren sich in einem Tempel anders als in einer Kneipe oder einer Schule. Die junge christliche Urgemeinde nutzte ihn vorbildhaft und verpflegte im Tempelbereich die Armen. Jedermann konnte mit ihnen offen sprechen. Das Volk liebte sie dafür.[51] Stell dir mal vor, was für ein Zulauf eure Gotteshäuser hätten, wenn es dort genauso zuginge wie bei den Urchristen.

Die erste christliche Kirche entstand zweihundert Jahre nach deinem Tod. Seitdem sind unzählige Gotteshäuser in der Welt entstanden. Auslaufmodelle?

Vielleicht. Es sei denn, dort entstehen wieder Lebensoasen und Wohngemeinschaften wie bei den Urchristen. Wo sich Alt und Jung gemeinsam dabei helfen, den Alltag zu meistern. Wo schon Kinder soziale und spirituelle Kompetenz lernen. So kann eine Kirchturmkuppel als Identifikationskonstruktion durchaus sinnvoll sein. Wegen ihrer Höhe übrigens auch gut als Blitzableiter! Der ideale christliche Tempel garantiert auf jeden Fall eins: Jeder kann auf die ›Familie‹ in ihm bis an sein Ende bauen.

Klingt eher wie Fußballverein. Für viele Fans so was wie die »bessere Familie«. Oder Kirche. Sogar die Profis des FC Liverpool sehen sich inzwischen schon als Seelsorger. Sie nehmen zum Beispiel regelmäßig an Beerdigungen von verstorbenen Fans aller Religionen teil. Sie werden seitdem mit mehr Respekt behandelt als die Priester.

Gratuliere. Ein Fußballklub, der wie eine klug aufgestellte Kirche den Heimvorteil nutzt, ist besser als eine Kirche, die wie ein schlaffer Fußballklub spielt.

[51] Apostelgeschichte 2,44-47

Einverstanden. Gott braucht also keine Kirche aus Steinen. Aber was wäre dann eine Kirche ohne Gott?

Lass mich deine Gedanken raten: Ein gigantisches Kunstmuseum mit den schönsten Schätzen der Welt?

Gibt es eine Kirche im Himmel?

Der Himmel ist tempelfrei.

Wenn es mit der Abschaffung des Glaubens so weiter geht, ist es die Erde bald auch.

Warum so sentimental? Auf der Erde wird inzwischen am größten Tempel aller Zeiten gearbeitet.

Habe ich da etwas übersehen?

SATANS NÄCHSTES OPFER? DIE MEDIEN?

Du willst mir das Internet jetzt nicht als neue Kirche verkaufen. Oder?

Warum nicht? Die sozialen Medien spielen auf derselben Tastatur wie eine religiöse Gemeinschaft. Auch hier treffen sich Menschen aus allen Ländern, diskutieren und erzählen. Sie betreiben Seelsorge, sammeln Spenden, planen Aktionen, unterstützen einander und veranstalten gemeinsame Rituale.

Und verkaufen Illusionen als Realität.

Tut Gott das nicht auch?

Das sagst du?

War ein Scherz.

Medien produzieren nicht nur Illusionen, sondern sind Illusion, die sie als Realität verkaufen. Gott produziert Realitäten und ist Realität.

Das sagst du?

Na ja, irgendwann spürt man, dass man in Echtzeit lebt. Was man von den Medien nicht behaupten kann.

Jeder kann den Ausknopf drücken. Dann ist die Illusion weg.

Ja, aber in der Zwischenzeit haben die Medien vielleicht zur Verdummung der Gesellschaft beigetragen. Die Verwahrlosung der Sprache durch immer oberflächlicheres Gebabbel, die Schablo-

nentexte der Nachrichtensprecher und Kommentatoren oder die Sucht, jedes menschliche Leid bis zum Anschlag auszuschlachten, zeigen eine Zivilisation ohne Empathie auf dem Weg in den totalen Medien-Schwachsinn. Das ist dann ihr Beitrag zur Realität.

Die Kritik ist nicht neu. Bisher ist noch kein Mensch durch Fernseh- oder Internetgucken umgekommen.

Nein. Auch nicht durch Knödelwettessen. Aber so wie du durch zu viel Knödelessen an deiner Gesundheit Schaden nehmen kannst, kannst du durch zu viel von dem Dreck im Internet oder im Fernsehen irre werden. Da werden schon mal Schwerverletzte bei Spielshows in Kauf genommen und Menschen vor laufender Kamera geköpft.

Das ist aber doch nicht die Schuld der Medien, sondern derer, die sich auf ein solches Risiko einlassen oder keine Skrupel kennen.

Ich habe fast den Eindruck, dass es dir gefällt, dass die Medien der Religion als Betäubungsmittel den Rang ablaufen?

Der Medientempel ist nicht nur die neue Kirche, er ist auch die effizientere. Er beweist, wie weit der Mensch in seiner Neugier, Kommunikationslust und Wahrheitssuche kommen kann. Da ist dann auch Platz für meine Botschaft.

Ja, aber nur unter ferner liefen.

Wenn das Christentum in der Champions League des Zeitgeistes mitspielen will, muss es beweisen, dass es seinen Rang wert ist.

Aber der mediale Gegner ist übermächtig. Pornos und Computerspiele schlagen Heiligen Geist. Videos mobilisieren Fanatiker.

Du tust ja gerade so, als ob die Medien am Weltenbrand mitzündeln.

Die ständigen Bilder von verstümmelten Kindern, brennenden Fahnen, hassverzerrten Psychopathen zeigen ein Bild der Welt, wie sie der Teufel gerne hätte.

Oder wie es der Wirklichkeit entspricht.

Die zehn mutigen Bürger, die 2012 in Benghasi das amerikanische Konsulat vor islamischen Terroristen schützen wollten und dabei ums Leben kamen, waren den meisten Nachrichtenverwertern keine Sekunde wert.

Und woher weißt du das? Wo ist dein Punkt?

Sie passen nicht ins Bild. Und genau das passt ins Bild. Denn die mediale Manipulierbarkeit vergrößert den Hass der Kulturen aufeinander. Inzwischen versuchen doch die Massenmedien, die Macht in den zivilen Gesellschaften zu übernehmen. Die Armen kommen da ganz sicherlich nicht zu Wort. Fast nur die Schönen, die Reichen, die Mächtigen, die Gewinner. Und wenn einer empfindsam genug ist, das anzuklagen, wird er als Feind der Meinungsfreiheit gebrandmarkt und durch die Kumpanei der Medienmachthaber mundtot gemacht. Wenn Aufklärer unterdrückt werden sollen, wird das Netz abgeschaltet oder die Kamera erst gar nicht ein.

Du forderst auf, sich den Herrschern zu widersetzen. O.k. Aber für viele Oppositionelle ist das Internet von großem Nutzen. Wozu die Tirade?

Du kannst ein Messer zum Obstschälen und zum Morden gebrauchen. Ich spreche nicht von den kritischen Medien. Ich spreche von den Medienmissbrauchern. Jenen, die hektisch jeder Katastrophe hinterherlaufen. Jenen, die zynisch sagen: »Schlechte Nachrichten sind gute Nachrichten«. Jenen, die für das Foto vom Popo einer Berühmtheit eine Treibjagd auf sie veranstalten. Jenen, die zwischen Nachrichten über das Leid von Menschen Warenwerbung einblenden und damit Profit machen.

Macht doch niemand mit böser Absicht.

Du meinst, die Würde des Menschen ist antastbar? Medien brauchen kein Gewissen? Dann ist es ja noch schlimmer. Nimm nur mal dieses Beispiel. Auf einer deutschen Internetseite wurde ein Bericht über private Tragödien durch die Atomkraftwerk-Katastrophe in Japan im Jahr 2011 veröffentlicht. Erschütternde Bilder, aufrüttelnder Text. Mitten im Bericht, unter Fotos von Leichensäcken, priesen auf knalligen Werbeanzeigen Banken und Telefonunternehmen ihre Produkte an. Nicht der Rede wert? Wie abgestumpft müssen diese PR-Manager sein.

Sie müssen Geld verdienen. Irgendwie müssen sie den Artikel und ihre Angestellten ja bezahlen. Daran ist erst mal nichts Verwerfliches.

Das Leid anderer als Köder für das eigene Produkt einzusetzen, das ist pervers. Warum stellen sie nicht gleich ihre Werbebanner auf die Trümmer der eingestürzten Häuser in Erdbebengebieten und beschriften die Ambulanzen, in denen die Toten in Kriegsgebieten abtransportiert werden, mit ihren Logos? Satan hat nicht seine Methoden verfeinert, sondern dank der Medien die Mittel, das Volk abzustumpfen. Ich versteh gar nicht, warum du da so entspannt bist.

Aber kapierst du nicht? Der Teufel hat hier einen Fehler gemacht. Er glaubt, damit vom mitfühlenden Leben ablenken zu können. Aber da versagt er. Die Menschen kapieren, dass es nichts Aufregenderes gibt, als füreinander da zu sein. Die Quantität der in den diversen Medien verhöhnten Schicksale schlägt somit in die

Qualität des Miteinanders um. »Big Brother« werdet ihr in »we are family« verwandeln.

Oh, Jesus, du bist ein Optimist!

Ein Realist. Noch nie war ein technisch reproduzierbares Medium für nahezu jedermann so verfügbar wie das Internet. Es ist die erste Revolution der Menschheit, die ohne Blutvergießen ablief. Ein Rhizom, ein unterirdisches Geflecht, das die ganze Welt umzieht. Auch wenn es hier und da missbraucht wird, es ist der Sieg des Geistes über die Materie.

Ja, ja. Es lebe der Medientempel, auch wenn er immer mehr von den Hetzern und ihren Handlangern genutzt wird.

Das Problem ist nicht, dass es Wahrheit und Lüge gibt, sondern wie das eine vom anderen unterschieden werden kann. Ein Medium wie das Internet gibt euch die Schlüssel in die Hand. Welche Türen sie aufschließen, das ist das Entscheidende. Und es werden immer mehr, die die Wahrheit wissen wollen. Mein Vater ist stolz auf euch.

Dann kann Luzifer ja unbesorgt weitermachen.

Da ist Gottes Geist vor.

Was hat denn der jetzt mit dem Internet zu tun?

Der Geist führt die Ideen Gottes aus. Er ist der heilige Nerd. In ihm sitzt die Kraft, durch die alles Form annimmt. Das ist das Bild der Genesis, wo »Gottes Geist« über dem Wasser schwebte. Der Geist war das ausführende Werkzeug, als Gott sprach: »Es werde Licht«.[52]

[52] Genesis 1,3

»Es werde das Internet!«

Du sagst es. Ohne ihn gäbe es auch das Internet nicht. Oder den Dübel. Oder Kekse. Der Geist Gottes ist der Dritte im Bunde der kreativen Urkräfte. Deswegen Vater, Sohn und Heiliger Geist. Jede Idee kommt aus ihm. Jede Materialisierung. Jede psychische Regung. Er lässt dich lachen oder weinen, jubeln oder verbittern. Ohne ihn wäre dein Gemüt leer. Wenn du ihm seine höchste Aufgabe nimmst, nämlich Gott zu erkennen, hat das Krankheit zur Folge.

In einem gesunden Geist wohnt ein gesunder Körper?

Du sagst es. Er fließt durch die sieben Haupt-Chakras entlang der Mittelachse deines Körpers und verbindet diese mit deinem Astralleib, der dein ganzes Wesen umgibt. Zudem funktioniert er als Energiekanal zwischen Himmel und Erde. Ein Hin und Her an Wirkung.

Oder ein Hin und Her an esoterischem Geschwurbel. Der deutsche Dichter Friedrich Hebbel hat einmal gesagt: »Es ist unglaublich, wieviel Geist in der Welt aufgeboten wird, um Dummheiten zu beweisen.«

Tja, selig sind die Armen im Geiste. Sie kümmern sich nicht ständig um Logik und Beweise, sondern lassen sich einfach vom Geist ergreifen. Wie man sich beim Tanzen von der Musik erfassen lässt.

Das mag als Ausnahme mal ganz nett sein, aber ich kann doch nicht die Kontrolle über mich aufgeben.

Du glaubst, du kannst deinen Geist kontrollieren? Willkommen in der Welt der Selbstüberschätzung, Selbstverknotung und Dummheit!

Und dies ist ja bekanntlich unheilbar. Danke für die klare Einschätzung.

Keine Panik. Wenn deine Chakren einmal gestört oder blockiert sind, gibt es genug altes Wissen, um dir da wertvolle Tipps zu geben. Zudem gibt es genug weise Spezialisten, die dir helfen, mit deinem Geist wieder ungestört zu kommunizieren.

Und was ist der Unterschied zwischen Geist und Heiligem Geist?

Wenn ein Mensch durch den Heiligen Geist erfüllt ist, kann er unmittelbar mit Gott sprechen. So wie Moses am Berg Sinai. Der Heilige Geist ist der absolut reine Zustand in den Chakras. Wenn er ohne Blockaden durch die Energiekanäle fließt, erlangt der Mensch Erleuchtung.

Was ich nicht verstehe ist, dass dieses Mitglied der Trinität wiederum so verletzlich ist, dass er laut deinen Worten nicht beleidigt werden darf. Wer die Nummer Eins und die Nummer Zwei beleidigt, der kommt ungestraft davon, aber wer den Heiligen Geist beschimpft, findet keine Gnade. Weder in dieser noch in der zukünftigen Welt.[53]

Das mag hart klingen, aber Worte sind sein einziger Schutz, denn er kann sich mit nichts anderem wehren. So wie sich ein Neugeborenes mit nichts als seinem Geschrei wehren kann. Oder jemand, der zu Unrecht eines Mordes oder eines Diebstahls angeklagt wird und dem nur noch seine Worte bleiben, um Gerechtigkeit zu erlangen. Oder ein himmlischer Bote, der ja immer ein Abkömmling des Heiligen Geistes ist. Er hat kein Schwert, kein Gewehr, keine Fäuste, keinen Gerichtshof. Deswegen gibt es bei ihm kein Pardon von unserer Seite.

[53] Matthäus 12,31-32; Markus 3,28-29

Trotzdem ... »Weder in dieser noch in einer anderen Welt.«?!!!

Das mit der ewigen Verdamnis zeigt, wie unantastbar die Stellung des Heiligen Geistes im nächsten Umfeld Gottes ist. Ohne ihn wäre mein Vater ein autistischer Gott und ich ein Fischer ohne Netz. Dasselbe gilt auch für euch. Ohne Geist wärt ihr nur klägliches Fleisch mit ein paar armseligen Naturerkenntnissen von der Art, dass man Bananen essen kann und Giftpilze nicht.

Das reicht manchem, denn das Fleisch ist willig und der Geist ist schwach. Wozu also die ganze Aufregung?

Überleg mal. Wovor haben alle Diktatoren und Verbrecher die größte Angst? Vor ein paar Waffen? Pah! Vor euren Worten. Vor eurem Geist. Er ist ihr wahrer Feind, auch wenn sie das nie zugeben würden. Deswegen sollte auch von euch jeder Angriff auf ihn, jede Lästerung und Erniedrigung scharf bekämpft werden.

Lästerung? Agnostiker und Gleichgesinnte also ab in die ewige Verdammnis?

Im Gegenteil. Die Klugen unter ihnen greifen doch nicht den Geist an, sondern sie fordern ihn heraus, um den Teil seiner Wahrheit zu erkennen, der ihnen noch verborgen ist.

Da dreht sich der Geist im Kreise. Nur durch ihn kann ich ihn erkennen ...

Nur durch ihn kannst du Gott und mich erkennen.

Noch so eine Erklärung, die auf Illusion oder meinem guten Willen beruht.

Wieso? Du kannst den Heiligen Geist in Wirklichkeit sehen.

Ach, ja? Ab wie viel Promille?

Haha!

Bin mal gespannt, wie er aussieht.

Mach deinen Fernseher an und du siehst ihn im berühmten Antennenrauschen des Urknalls.

Ist nur ein Scherz, oder? Denn das bekommen wir bald frei Haus. Aktuell wird an Antennenchips geforscht, die in die Haut implantiert werden und direkt ins Gehirn senden. Mein Ich von Computern steuern lassen? Nein, danke, ich will diesen Heiligen Geist so nicht sehen. Und auch du darfst mir nicht ins Gehirn gucken!

Soll mir das Angst machen? Das ist doch nicht meine Idee.

Diejenigen, denen das keine Angst macht, sollten dir Angst machen.

Manchmal bist du aber auch schwer von Begriff. Satan ist ein Auslaufmodell. Dadurch, dass ihr das soziale Medium erfunden habt, ist Gott diesmal schneller. Der Blick auf ihn wird frei. Ohne Zensur.

Warum sollte Luzifer sich das gefallen lassen?

Weil er keine Chance mehr hat. Eine noch nie gekannte Identität der Menschheit entsteht zurzeit. So wie Millionen von Computern miteinander verbunden sind, so addieren sich Millionen von Seinszuständen zu einer Geistesenergie, die eine fulminante Kraft entwickelt. Es gibt nichts Verborgenes mehr, das nicht enthüllt werden kann. Ihr werdet dann im Idealzustand von kleinen Kindern sein, die nackt auf ihren Kleidern herumspringen.[54] Froh, dass sie frei sind. Ihr müsst euch dann für nichts mehr schämen. Das ist kein künstliches Paradies mehr, das Luzifer euch vorgaukelt, sondern eine reale Vorstufe zum realen Paradies.

Das kann nur heißen, dass es da keine Privatheit mehr gibt. Nein, danke.

Privates Glück? Wie soll das aussehen? Macht die radioaktive Wolke vor deiner Haustür halt? Die Flutwelle überschwemmt nur das Haus deines Nachbarn? Der Krieg findet nur im Fernsehen statt? Nur die Psyche deiner Nachbarskinder wird mit Schund abgefüllt? Geldgeile Börsenmakler treiben nur ihren eigenen Geldbeutel in den Ruin? Mephisto ist eine literarische Erfindung?

Wir reden von der totalen Cyber-Invasion in meine Privatsphäre, nicht von der Weltlage. Für diese bin ich die digitale Null.

Ihr seid miteinander verbunden. Auf Gedeih und Verderb. Und du bist selber für die großen Ereignisse mit verantwortlich. Finanzkrise? Böse Finanzjongleure? Sicher. Aber musstest du ihnen folgen? Die Banken gaben dir Kredit, weil du ein neues Auto oder gleich ein ganzes Haus wolltest. Also sind an der Misere nicht ein Trottel, sondern zwei Trottel schuld. Ich weiß. Es ist das Vorrecht des Revoluzzers, die Dinge über einen Kamm zu scheren. Aber wahrer werden sie deshalb nicht. Und das Paradies deswegen auch nicht unwahrer.

Das Paradies auf Erden? Dank der neuen Medien?

[54] Thomasevangelium Logion 37

Sie zeigen euch den Weg dahin. Schau mal, wenn du keine Angst mehr haben musst vor Verachtung, weil alles offenbar ist und es keine moralischen Überheblichkeiten mehr gibt, weil jeder betroffen sein kann, wo ist dann noch der Bedarf, einen anderen zu schädigen? Die elende Suche nach einem Opfer hat dann ein Ende.

Und Satans nächstes Opfer?

Satan. Für ihn gibt es dann keinen Platz mehr. Im Paradies gibt's keinen »Mehrwert«. Alles für alle.

DAS PARADIES. TRAUM, VISION, MEDITATION. ODER EIN SEGELBOOT IM GEHIRN VON KOLUMBUS? EINE PARABEL ÜBER UMWEGE, DIE DOCH ANS ZIEL FÜHREN.

Jesus. Wir brauchen kein Paradies mehr. Wir sind uns selbst genug.

Mal abgesehen davon, dass du bloß den alten Nietzsche-Witz wiederholst. Bist du sicher, dass ihr so mutig seid, ein Leben ohne Paradies auszuhalten?

Die Idee vom Ort der Seligen im Himmel kannst du im Klo runterspülen. Keiner wird sie vermissen.

JESUS SIEHT MICH SEUFZEND AN.

Klar. Gott ist tot. Und Nietzsche lebt. Haha. Warum macht ihr es mir nur so schwer? Das klingt, als würdest du lieber zum Zahnarzt gehen, als mit mir zu feiern.

Bei dem weiß ich, was mich erwartet. Was hast du zu bieten?

Einen Garten, in dem alles möglich ist. Von der ersten Frau bis zum Treffen mit Gott.

Wie das geendet hat, wissen wir. Noch irgendeine Information, bevor wir das Kapitel beenden?

Das Paradies wartet auf eure Rückkehr. Mein Job ist es, euch dahin zu bringen.

Wir heben unsere Augen auf zum Paradies und du trägst uns hinauf? Dann kann ich es mir ab jetzt bequem machen.

Ich bin dir gerne der Bergführer, aber klettern musst du schon selber. Hm ... Ist dir bei dieser Frage irgendetwas über die Leber gelaufen? Du klingst plötzlich so frustriert.

Wundert dich das? Ich muss mich seit dem Rauswurf im Job abstrampeln. Ich muss mich für dich abstrampeln. Frauen müssen unter Schmerzen gebären. Wenn ich meine Miete nicht bezahlen kann, flieg ich raus und mein Besitz wird gepfändet. Das ganze Leben ist ein Härtetest. Hängst du im Paradies auch den ganzen Tag am Kreuz herum, so wie hier unten?

Darauf willst du keine Antwort, oder?

Wie erscheinst du uns da, falls wir mal Muffensausen kriegen und uns doch nicht selbst genug sind?

Das hängt von deiner Seelenreife ab. In welchem Stadium sie die physische Welt verlassen wird.

Vorausgesetzt, es gibt eine Seele.

Jede Seele hat ihre eigene Energieform, auf die ich gleichermaßen reagiere. Wie zwei Farben, die exakt zueinander passen, verbinden wir uns. Braucht sie mich noch als Gedanke, werde ich sie als Gedanke empfangen. Fühlt sie mich als Freund, werde ich sie als Freund empfangen. Du siehst mich von Angesicht zu Angesicht. Dann führe ich deine Seele in die nächsten Stufen. Bei der letzten Stufe hörst du auf, zu existieren. Dieses Gefühl von Frieden und Harmonie ist unbeschreiblich. Du bist dann der Himmel über den Himmeln. Du bist im Nirwana. Im finalen Ort der Erlösung.

Der Begriff »Erlösung« klingt, als wäre er seit Jahrhunderten nicht abgestaubt worden.

Welche Worte ich auch benutze, wer nicht glauben will, wird sie ohnehin in Zweifel ziehen.

Ich kann's einfach nicht glauben. Vor diesem Paradies im Himmel stehst du und erlöst uns?

Ich stehe da sicherlich nicht wie ein Türsteher vor einer Disko. Musik haben wir auch. Aber eher Adagio als Heavy Metal.

Und dann sind wir vereint wie Liebende? So wie Hildegard von Bingen oder Theresa von Avila, die Visionen hatten oder in Ekstase fielen, wenn sie an Dich dachten?

Kein Orgasmus, kein Tod beendet diese Vereinigung.

Sind das die supramentalen Zustände, von denen immer geredet wird? Also etwas, das weit über die Fassenskraft des Verstandes hinausgeht. Oder Träume und Visionen?

Traum und Vision sind eine Art sinnliche Vorboten. In der Vision zeigt dir Gott, wo's langgeht. Im Traum bist du in deiner eigenen Geschichte.

Rudolf Steiner vermutet, dass wir im Traum eine andere Welt besuchen.

Im Traum besucht ihr nicht nur andere Welten, sondern auch andere Zeiten. Ihr könnt durch Träume reisen, die euch konkret in eure Vorleben zurückführen. Ihr erlebt dann entscheidende Momente eurer Biografie als verdichtete Realität. Das kann Hunderte von Jahren zurückreichen. Im Traum könnt ihr aber genauso gut in Schichtungen eures gegenwärtigen Lebens eintauchen, die ihr zu heilen versucht, wenn sie verletzt sind. Ihr könnt im Traum wie ein ausgebildeter Pilot ein Flugzeug fliegen, mit allen technischen Handgriffen, obwohl ihr noch nie in einem Cockpit gesessen habt. Ihr könnt euch im Traum Lösungen für ein Problem anbieten lassen, das euch über den Kopf gewachsen ist.

Das funktioniert?

Probiere es aus. Formuliere das Problem noch einmal für dich, bevor du schlafen gehst. Verlange, solange du noch wach bist, nach einer Antwort. Drisch auf dein Problem ein. Wenn es sein muss wie ein wütender Cowboy. Rufe meinen Namen. Wieder und wieder. Lege deinen Schmerz, deine Kränkung, deine Hilflosigkeit hinein. Dann bittest du um die Lösung durch den Traum in dieser Nacht. Konzentriere deine Gedanken auf dein Herz. Gib nicht eher Ruhe, bis du einschläfst. Der nächste Morgen beschert dir ein kleines Wunder. That's all.

Just dreams!

Du kannst dein Traumleben wie ein Sportler trainieren, und du lernst schnell, Traum vom Traumschaum abzuseihen. Im Traum kannst du bewusst mitwirken. Im Traumschaum dagegen zerplatzen die Gedankenbläschen wie Schaumbläschen auf einer Welle.

Sind das nicht alles Täuschungen eines überlasteten oder esoterisch überreizten Gehirns?

Es ist der Beweis, dass du eine gestaltende Seele hast. Denn wer führt die Regie, wenn du in einem Traum durch einen Wald gejagt wirst? Das Unbewusste? Sorry, warum siehst du dich selber klar im Unterbewusstsein? Wo bist du da? Im Bett? Im Wald? Kann sich das Gehirn selber sehen? Erinnere dich, als du dich zum ersten Mal in deinem Leben als eigenständige Person selber wahrgenommen hast. Nicht in einem Spiegel oder einer Wasserpfütze oder von einer Drohne über deinem Haupt, sondern klar als Körper in einer realen Situation. Du hast dich da eindeutig von oben gesehen. Als sähe dich eine andere Person an, obwohl du es bist. Es ist der Beweis, dass deine Seele auch außerhalb deines Körpers funktioniert.

Und die schleppt mir dann Albträume an?

Träume eröffnen eine Perspektive auf die Wirklichkeit, die deine Sicht auf dein Leben verändern. Du wirst dir bewusst, dass du sehr viel mehr bist als der Angestellte, für den der Tag nach Feierabend erledigt ist. Ein Traum ist zudem die spannendste Unterhaltungsform, viel spannender als Kinofilme. Von hinreißender Erotik bis zur Achterbahnfahrt ohne Bremsen ist alles im Programm. Kostenlos! Träume sind darüberhinaus auch das Klo der Seele.

Holla! Warum nennen wir nicht einfach Fantasie, was Fantasie ist? So wie das Paradies vielleicht nur eine Laune der Fantasie ist.

Keine Laune, eher eine Bestätigung seiner Existenz. Fantasie hat die Gabe, der Wirklichkeit vorauszugreifen. Erinnere dich an die Geschichten von Jules Verne. Kein Mensch hielt es zu seiner Zeit für möglich, mit einem Unterwasserboot in die unerforschten Tiefen des Meeres hinabzutauchen. Versetze dich in das Jahr meiner Geburt zurück. Erzähle jüdischen Schriftgelehrten, dass in zweitausend Jahren drei Männer in einem silbernen Phallus auf den Mond fliegen und darauf herumspazieren werden. Erzähle ihnen weiter, dass sie auf einer dünnen Glasscheibe sehen und hören können, was da oben geschieht und geredet wird. Die einzige Chance, dass sie dich nicht steinigen oder ins Gefängnis werfen, ist, dass du deine Geschichte als literarische Erfindung ausgibst.

Nicht jede Idee ist wirklich. Ich kann einen Baum malen, den es nur in meiner Vorstellung gibt.

Diesen Baum gibt es dann auf dem Papier.

Aber nicht in der Natur.

Hier kommen wir zu einem der interessantesten Kapitel, die die seelische Erfahrung zu bieten hat. Alles, was dein Gehirn an Informationen enthält, existiert. Dadurch, dass der Baum in deiner Fantasie vorstellbar ist, existiert er.

Sag mal, hast du was geraucht?

Ich dachte, es geht ums Paradies.

Klar, es gibt auch das Kifferparadies, das Autoparadies, das Möbelparadies, das Eisparadies. Im Grunde brauchen wir gar nicht weiter zu suchen, wir sind ja schon von Paradiesen umgeben.

Und was willst du dann von mir wissen?

Wenn die Realität eine Erfindung meiner Fantasie ist, dann bleibt am Ende nur, dass das Paradies oder sogar Gott nichts anderes als ein Gedanke sind. Ein Konzept.

Klar. So wie Grausamkeit. Krieg. Das sind dann auch nur Gedanken. Oder Konzepte. Sieh's mal so: Erkenntnis kommt aus der Seele. Das Gehirn erklärt sie.

Also von wegen Descartes: »Ich denke, also bin ich«?

Vielleicht bist du ja nur, weil Gott dich denkt. Aber wenn du das herausfindest, kannst du sowieso nicht mehr umkehren. Also was spielt das für eine Rolle?

Alles Illusion, sagt Buddha. Auch das Paradies.

Ja, aber er sagt das auf einem hohen Niveau. Es hat mit den vielen Formen der Erkenntnis zu tun, über die wir uns täuschen können. Er hat dazu eine hübsche Geschichte. Einmal bat ein König einige seiner blinden Untertanen, ihm einen Elefanten zu beschreiben. Der erste Blinde packte den Schwanz an und sagte, er wäre ein Seil. Der Zweite griff ans Ohr und behauptete, ein Elefant sei wie ein Fächer. Der Dritte berührte seine Füße und erklärte, dass er einem schweren Amboß gleiche. Der Blinde, der die Stoßzähne befühlte, hielt einen Elefanten für eine große Karotte und so weiter. Keinem gelang es, dem König die korrekte Form dieses Tieres zu beschreiben. Warum? Es fehlte ihnen die Vision. Ohne diese aber gibt es keine Erkenntnis. Es ist wie mit dem Elefanten. Es gibt ihn so, wie es das Paradies gibt, aber die Blinden können ihn nicht in seiner Gesamtheit erfassen.

Vielleicht genügt ihnen die kleine Erkenntnis.

Möglich, aber solange du den Rüssel noch als Karotte ansiehst, wirst du nie einen Elefanten reiten können.

Was das Paradies angeht, sind wir auch nicht besser dran als die Blinden. Du sagst zwar, du willst uns helfen, aber ich habe eher den Eindruck, dein Vater will uns gar nicht mehr hineinlassen.

Hineinlassen schon. Aber die Suche nimmt er euch nicht ab.

Sehe ich da gerade eine kleine Irritation bei dir?

Mein Vater und ich sind uns in der Paradiesfrage nicht ganz einig ... also, im Grunde völlig uneinig.

Habt ihr euch deswegen etwa gezofft?

Das kommt in den besten Familien vor.

Mal davon abgesehen, dass ich das sehr beruhigend finde, darf ich fragen, wieso dieser Zoff gerade in der Frage um das Paradies?

Nun ja, mein Vater will, dass ihr sucht. Ich will, dass ihr findet.

Und? Wozu dann ein Streit?

Gott will, dass ihr erst nach eurem Tod hineinkommt. Ich will, dass ihr es bereits auf der Erde schafft. Das sind entgegengesetzte Haltungen. Und bis jetzt hat noch keiner von uns zurückgesteckt.

Prima. Wo liegt es denn nun?

Willst du zuerst den Längen- oder den Breitengrad?

Bitte komme mir jetzt nicht damit, dass es in mir liegt. Da liegt eh schon so viel drin, wenn man über extreme Esoterik redet. Wo dann auch schon mal das Ziel im Weg liegt. Wäre doch mal angebracht, dass da etwas konkret außerhalb von mir liegt. Und man dahinkommen kann, wie zum »Paradise Beach« in Mykonos.

Genau da beginnt das Paradies.

In Mykonos?

Im Wunsch, anzukommen.

Also Koffer packen? Und dann ab ins »umzäunte Tiergehege«? Das ist die Übersetzung für »Paradies« aus dem Altpersischen, wo der Begriff herkommt. Ein Ort, ohne Menschen. Danke! Hatten wir das nicht schon bei der Hölle?

In der Hölle bist du allein und einsam. Im Paradies bist du an einem Ort, wo alle Seelen zusammenkommen. In der Einheit. Genau das Gegenteil von Hölle.

Von der Hölle wissen wir nicht, wie es dort aussieht. Zurückgekommen ist noch keiner. Beim Paradies haben uns die beiden Augenzeugen immerhin Indizien hinterlassen. »Baum des Lebens«, »Schlange«, »Vertreibung«, »nackt« und »Garten Eden«, was wiederum Wonnegarten bedeutet. Wo ist denn da eine Einheit?

Das Paradies war und ist eine Möglichkeit, mit allem in Verbindung zu treten. Man kommuniziert nicht über Worte. Es gibt ein grundsätzliches Verstehen. Alles ist eine unendliche Welle. Und noch viel mehr: Man ist nicht Materie und kann trotzdem kleiner werden als ein Atom, grandioser als ein Berg und leichter als Luft. Man bewegt sich auf etwas zu. Gott. Und plötzlich ist man in einer unendlichen Wonne mit ihm verbunden. Fast so, als wäre man er selbst. Seele und Überseele sind eins. Es gibt nichts Trennendes.

Wie eine Kirsche im Joghurt?

So in etwa. Weswegen kannst du jeden irdischen oder überirdischen Ort finden? Und in Materie und Nichtmaterie deine Zelte aufschlagen? Weswegen kannst du dich in Traumerfahrungen in andere Dimensionen beamen? Weswegen kannst du kraft der Telepathie Nachrichten senden und empfangen? Weil alles wie in einem Milchmeer miteinander verbunden ist.

Wie funktioniert denn Telepathie?

Zielbewusstsein und Ziel sind eins. Die Sinnesorgane als die üblichen Zwischenträger von Informationen werden ausgeschaltet. Jeder gute Fotograf kennt diesen Zustand und spürt den Moment, in dem er den Auslöser drücken muss, bevor er eintritt. Jeder Fußballer weiß in der Millisekunde, bevor er den entscheidenden Elfmeter tritt, ob er daneben schießt oder trifft. Er ist in der Zukunft, die die Gegenwart ist. Sowie heute das Morgen von gestern ist. In der Quantenmedizin kann ein bei deinem Arzt archivierter Blutstropfen Auskunft über deine körperliche Verfassung geben. Und er kann, wo immer du auf der Welt bist, telepathisch in deinem Körper Krankheiten heilen. Das sind wichtige Schritte auf dem Weg zum real existierenden Paradies. Der neue, spirituelle Mensch wird noch vieles in dieser Richtung entdecken und es wie eine Sprache erlernen können.

Klingt eher wie Orwells »1984«. Die Gefahr, dabei als eigenständige Persönlichkeit verloren zu gehen, ist mir ein zu großes Risiko.

Wenn sogar der simple Vorgang, wie einmal in die Welt hauchen, erhalten bleibt, wovor hast du noch Angst, verloren zu gehen? Wer weiß, als was du dich im Paradies wiederfindest! Die Steppennomaden glaubten, dass ihre Ahnen Töne sind. Liegen sie so falsch? Und wenn sie falsch liegen, ist das nicht ein wunderbarer Gedanke, der dich vielleicht zu Visionen anregt, die dich zu einem neuem Aufbruch führen könnten? Der visionäre Gedankenstrom von Kolumbus verband ihn mit der Neuen Welt, lange bevor er wusste, dass es sie gab und er an der Mündung des Rio Tinto in Andalusien die Segel nach Indien setzte. Aber er fand das Richtige im »Falschen«. Auch so kommt man ins Paradies.

Was hat denn jetzt das Paradies mit Kolumbus zu tun?

Jede Suche nach einem unbekannten Ziel ist ein Abglanz der Suche nach dem Paradies. Kolumbus hatte das verstanden.

Du meinst das Paradies voller Sklaven und Gold?

Das lassen wir mal als eine andere Realität beiseite, denn bevor er diese finden und verderben konnte, segelte Kolumbus in seinem Gehirn zu einem Licht, das außerhalb des menschlichen Zugriffs liegt. Ein Licht, das aus sich selber strahlt. Das keine Sonne braucht. Ohne dieses Licht wäre er gar nicht auf die Idee gekommen, loszuschippern. Das war das Geniale an Kolumbus. Er sah und traute diesem selbstleuchtenden Etwas. Das gab ihm die Kraft, alle Widerstände zu überwinden.

Und wenn es schiefgegangen wäre?

Gut, er hätte von der Erdscheibe fallen können. Aber da er das selbststrahlende Licht seines Zieles gesehen hatte, wäre für ihn die schlechteste Alternative gewesen, in den Weltraum zu purzeln. Möglicherweise kam es ja sogar von einem spirituellen Planeten, wo er die höchste Stufe des Wissens und der Glückseligkeit gefunden hätte. Das Vertrauen hatte er.

Ganz schön irreal, in so einem Paradies anzukommen.

In der realen Welt war das dann jener Augenblick, auf den er wochenlang mutig zugesteuert war. Der Moment des »Land in Sicht«, wo keiner voraussehen konnte, dass es dort wirklich existiert. Für Kolumbus war es nicht nur ein Bergrücken in der Karibik, sondern ein transzendenter Gipfel auf einer Insel im Milchmeer. In der Millisekunde, als seine Füße den Boden berührten, war es dann real. Sein Paradies.

Und was hat das mit uns zu tun?

Bei aller Kritik und all den brutalen Konsequenzen seiner Reise, er hat euch vom Gedanken an ein Paradies hinter dem Horizont befreit. Im Grunde hat Kolumbus bewiesen, dass das Paradies über die Erde ausgebreitet ist und die Menschen es finden, wenn sie sich aufmachen.

Wenn ich an die Entdeckung Amerikas denke, scheint es eher so zu sein, dass dein Vater ein Ablenkungsmanöver vom Paradies gestartet hat.

Wenn du Gott den Vorwurf machen willst, dass er euch in die Irre führt, hast du sie ja wirklich nicht alle. Da kannst du gleich behaupten, er wäre dafür verantwortlich, dass Kolumbus nie dort ankam, wo er hinwollte. Oder Amerika mit seiner Idee vom Glück für alle nach der Hölle strebt. Eine wirre Vision, vielleicht sogar von Gott lanciert? Kolumbus hat eine Abkürzung gesucht und eine andere Zivilisation gefunden. War seine Reise deswegen falsch oder dumm? Nein, er fand nur eine andere Wahrheit als die, die er suchte. Und Wahrheit gehört zum Paradies wie der Rüssel zum Elefanten.

Also ... noch habe ich fast gar nichts kapiert ... vor allem das mit dem Paradies als Segelboot im Hirn von Kolumbus. Ich kapiere, dass es eine Parabel über Umwege ist, die doch ans Ziel führen.

O.k. ich versuch's mal anders. Auf dem Segelboot gehen drei Kollegen gemeinsam auf die Reise. Die Vision. Der Glaube. Und die Navigation. Während dieser Reise vereinigen sich die drei zu einem Willen. Dieser überwindet Stürme und Meutereien. Wie auch immer sie am Ziel ankommen, sie haben bewiesen, dass sie gemeinsam ihr Ziel erreichen können. Ohne die Navigation wären sie an der nächsten Klippe zerschellt, ohne Vision und Glauben wäre die Mannschaft irgendwann geisteskrank über Bord gesprungen. Das heißt, wenn sich Realität und Transzendenz miteinander verbinden, ist die Menschheit zu höchsten Leistungen fähig. Reales *und* transzendentes Wissen sind das Segelboot, auf dem Kolumbus 1492 die Neue »runde« Welt bereiste. Wenn beides getrennt wird, segelt die Wahrheit auf einem Geisterschiff.

Dass die Erde eine Kugel ist, hatte auch die Kirche damals schon als Wahrheit akzeptiert. Doch dann bekämpfte sie zeitgleich den Beweis, dass die Erde um die Sonne kreist. Fehlte ihr im Gegensatz zu einem Kopernikus oder Kolumbus die Vision?

Natürlich nicht. Aber hat mein Vater tatsächlich behauptet, die Erde sei eine Scheibe? Nein. Worum es geht, ist doch nicht die runde Erde. Sondern, dass sie nicht der Mittelpunkt des Universums ist. Die Kirche sah es als Angriff auf Gott, dies in Frage zu stellen. Sie wollte ihn schützen. Die Kirche musste Gott in ein Lügengebäude einsperren. Wenn das, was sie Hunderte von Jahren als Wahrheit gepredigt hatte, plötzlich falsch war, dann war ja auch ihr Gott falsch. Zumindest ihr Bild von Gott. Und somit sie selbst. Und folgerichtig auch ihr Versprechen vom Paradies da irgendwo im Kosmos.

Also baut das Paradies der damaligen Kirche auf einer Lüge. Kirchenmänner, die gegen das achte Gebot verstoßen. Tse, tse, tse. Und du willst, dass ich dafür Verständnis habe.

Sie bauten auf die Zeit, die nach und nach, Tropfen für Tropfen, die Wahrheit beim Volk ankommen ließ. Und da die Päpste unfehlbar waren ... da siehst du mal, was Fundamentalisten anrichten. Kein Wunder, dass danach jede Erkenntnis, die nicht rational erklärbar war, verspottet wurde. Die Kirche ist selber schuld, dass sie seitdem beim Thema Visionen und Paradies außen vor bleibt. Oder verbindest du mit ihr irgendeine Vorstellung von einem »Ort der Seligen«? Sie hat den Zweiflern durch ihre dogmatische Logik-Ferne selbst das Futter geliefert. Anstatt Logik und Transzendenz zusammenzubringen.

Rio Tinto, von wo Kolumbus startete, heißt »roter Fluss«. Die Farbe des Blutes. Schaffe ich jetzt logisch-transzendentale Bedeutung? Oder nur süffisanten Symbolismus?

Wie du willst. Fantasie darf alles. Vielleicht erfreut dich zum Thema auch dieses Beispiel: Tibet und das Land der Hopi-Indianern liegen auf dem Globus einander gegenüber. Also, wenn du auf ihm eine Nadel links oben bei den Hopis einstichst, kommst du rechts gegenüber bei den Tibetern aus. In Tibet heißt die Sonne »Nyma«. Der Mond »Dawa«. Bei den Hopis heißt »Dawa« die Sonne und der Mond »Nyma«. Beide Völker haben nie miteinander in Verbindung gestanden. Quantengeografie? Erdkundemetaphysik? Das hinduistische Milchmeer? Such dir was aus.

Worauf willst du hinaus? Dass wir alle in einem Boot sitzen?

Ihr sitzt in einem Sprachkurs. Das Paradies beginnt hinter Babylon. Wenn die Sprachen wieder zusammenkommen.

Ist es im Grunde nicht nur der letzte weiße Fleck auf der Welt? Wahrscheinlich wird doch sogar Atlantis früher gefunden werden als das Paradies. Also es scheint mir eher ein Versprechen als ein Ort …

Nein! Kein Versprechen. Sondern ein realer Zustand, wo du dich mit allen Lebewesen in einer Sprache verständigen kannst. Aber was viel spannender ist: Immer, wenn ihr nach dem Paradies forscht, nascht ihr bereits von den Früchten des Baums der Erkenntnis.

Gott lässt trotz seines todbringenden Verbotes die Nascherei inzwischen zu?

Ich glaube, er ist mal wieder begeistert. Gott staunte bei Kolumbus und Kopernikus nicht schlecht, wie es voranging mit seinen Kindern. Sie begannen, die Fesseln der Gedanken und des Denkens zu lösen. Zumindest für ein paar Augenblicke hatten sie das Paradies wieder zurückerobert. Dort sind die Gedanken frei.

Wer gewinnt denn nun die Deutungshoheit übers Paradies? Du oder dein Vater?

Ihr. Die Antwort liegt in der einfachen Frage, wie ihr die Erde gestalten wollt, um daraus ein Paradies zu machen.

Jesus! Du bist und bleibst ein Träumer. Was hat dein Vater bei dir da nur falsch gemacht?

Den Schuh zieh ich mir jetzt nicht an.

Darf ich nochmals nachschenken?

Machen wir die Flasche leer. Weißt du, warum die Sehnsucht nach dem Paradies immer aktuell und konkret sein wird?

Weil dann der Eisschrank immer voll ist? Oder die Frauen eine Haut aus Glas haben? Oder niemand mehr schwitzt und alle schön sind? Nein?

Im Paradies kannst du Gott als Mann und Frau lieben.

Aber er hat bisher verhindert, dass wir das Paradies schon zu Lebzeiten finden dürfen? Für was soll ich ihn da lieben?

Erstens. Mein Vater ist ein begeisterter Experimentator. Zweitens lernfähig. Drittens. Er lässt zu, dass das Paradies dich findet. Deswegen mein Tipp: Lass dich einfach einmal in seine Richtung treiben. Gib in dein Gehirn das Wort Paradies ein. Deine Fantasie nutze als Segel. Dann lass alles andere los. Dann kannst du auf deinem Traum, auf deiner Vision, während einer Meditation zu dieser Insel des Seligen segeln und sie kommt gleichzeitig auf dich zu.

Noch so ein Kollege auf dem Schiff? Meditation? Wo ist da der Unterschied zur Vision?

Die Vision informiert dich über den Gesamtplan Gottes. Die Meditation zeigt dir konkrete Momente der Erlösung. Eine Ahnung von der Herrlichkeit, die im Paradies auf dich wartet. Sie ist nur in einer Art Flaute deines Bewusstseins möglich. Also, wenn sich nichts in ihm bewegt. Sie geht oft mit einer Vision zusammen. Zum Beispiel, wenn die leuchtend blauen Kreise, die bei Meditationen als Visionen erscheinen, dich körperlos machen. Das Verlassen deines Körpers während einer Meditation und das darauf folgende selig sanfte Schweben über dem Raum, der Anblick deiner warmen körperlichen Hülle, auf die du in diesem Moment hinabblickst, das Losgelöstsein von irdischer Schwerkraft sind nur ein winziger Hinweis auf das, was deine Seele noch vor sich hat. Aber auch die innere Sicht währenddessen, wenn du dich wie ein strahlender Diamant empfindest, reicht nicht aus, dir das Strahlen eurer Aura im Paradies vor Augen zu führen.

Das Paradies mal wieder nur für ein paar Auserwählte. Die meisten können sich den Luxus einer solchen Meditation nicht leisten.

Wie wär's damit? Das Paradies ist die Ernsthaftigkeit eines kleinen Kindes, mit dem es an einer Blume schnuppert. Der weise Blick, mit dem es dich dann zärtlich ansieht. Für den Lokführer ist es eine verzaubernde sternklare Winternacht beim Überqueren eines verschneiten Gebirgspasses. Für den Lehrer der Dank seiner Schüler. Du musst gar nicht weit suchen. Vielleicht verstehst du dann, was ich meine.

Ich verstehe, dass es in diesem Moment die Seele ist, die das Gehirn dazu benutzt, »nach Hause zu telefonieren« – sprich ins Paradies. Aber was ist mit denen, die achtlos an diesem Kind vorübergehen? Oder die Blume vor seinen Augen zertreten?

Willst du, dass sie gerettet werden?

ICH HOLE TIEF LUFT.
JESUS SIEHT MICH NACHSICHTIG AN.

Ja oder nein? Das beantwortet die Frage, ob das Paradies schon hier Wirklichkeit werden kann. Diese Welt ist der Ort, wo du dein Ego für einen anderen aufgeben kannst. Nur hier kannst du im Anderen aufgehen und dort dein altes Ich verlieren. Vice versa. Eins und eins ergeben dann nicht zwei, sondern ein Anderes. Zu kompliziert?

Sich in einem anderen zu vereinen ist das Paradies?

Das Paradies gibt es nicht für dich alleine.

Noch mal ganz langsam, bitte! Das Paradies ist, in einem anderen anzukommen?

Ja. Wenn du den ganz großen Bogen schlagen willst, um im Paradies aufzulaufen, zählt am Ende die Leistung, in einem anderen Menschen angekommen zu sein. Und dadurch den Anderen zu retten und selber gerettet zu werden. Im Grunde ist es ganz einfach. Das Paradies, das sind die anderen.

Ich geb's bald auf. Das Paradies ist wohl immer nur für andere?

Und für den Anderen in dir. Das meinte Rimbaud mit: »Ich ist ein Anderer.«

Und ihn dann aufessen und sein Blut trinken, um ins Paradies zu kommen?

JESUS LACHT.

Wenn ihr es nicht wie Kannibalen angeht. Und das Ess- und Trinkgeschirr bei der Kommunion immer schön sauber und hygienisch abwischt, dürft ihr mich einverleiben. Das ist zwar alles ein bisschen exaltiert symbolisch, aber ... nun ja ... der Mensch lebt nicht von der Theorie allein.

Aber wer dich nicht will, zählt nicht zu den Anderen?

Ich wiederhole meine Frage. Willst du, dass sie gerettet werden?

Auch die Bösen? Vom Gefühl her »Nein«. Erkenntnistheoretisch »Ja«. Was wäre dein Vorschlag bei all den Meuterern, Dieben und Gewalttätern? Da sind ja auch deine Mörder drunter. Dürfen sie bei Besserung auf dem Boot des Kolumbus mitsegeln?

Na ja, ... vielleicht ein Boot später ... Ansonsten das Übliche. Wiedergeburt. Vergebung der Sünden. Auftritt der Liebe. Darf ich dich an die Worte meines Paulus erinnern, als er einen Mann aus der Gemeinde verstieß, weil er mit seiner Stiefmutter Unzucht trieb. Aber nicht zur ewigen Verdammnis, sondern, »um diesen Menschen dem Satan zu übergeben zum Verderben seines Fleisches, damit sein Geist am Tag des Herren gerettet werde.«[55] Und er dann ins Paradies kommt.

Womit wir wieder bei den Umwegen deines Vaters sind.

Hast du jetzt kapiert, was alles das Paradies sein kann?

[55] 1 Korinther 5,1-5

Ich glaube, mit dir so intensiv darüber reden zu können, ist schon paradiesisch. Was lachst du?

Danke. Aber du hast doch bestimmt schon wieder eine von diesen Fangfragen im Gehirn. Also ...?

Wie oft muss ein Gläubiger beten, um ins Paradies zu kommen?

Kein einziges Mal. Gott ist nicht käuflich.

Aber uns erpresst er.

Gott erpresst euch? Mit was?

Dem Weltuntergang.

Wie retro ist das denn?

Die Erbsünde haben wir hinter uns, aber dafür haben wir jetzt die Apokalypse vor uns. Kaum ist der Hammer wieder im göttlichen Werkzeugkasten, wird die Kettensäge rausgeholt.

APOKALYPSE WAR GESTERN?

Apokalypse heißt enthüllen, nicht erpressen.

Entschuldige. Das Buch der Offenbarung hat jahrhundertelang als Katastrophen-Kassandra prima funktioniert.

Ach, ja? Wenn es funktioniert hätte, sähe die Welt heute anders aus.

Dann ist es eben Gottes letzter Alarm vor dem Weltuntergang.

Ihr sorgt schon selbst dafür, dass die Welt untergeht. Gott hat damit nichts zu tun.

So würde ich an deiner Stelle auch argumentieren. Die Wirklichkeit sieht anders aus.

60 Millionen Jahre hat Gottes Schöpfung benötigt, um eine Pracht an Tieren und Pflanzen hervorzubringen, die es so nirgendwo in den Galaxien gibt. Sieh dir zum Vergleich mal den Mars an. Und ihr planiert das in 60 Jahren weg wie Roboter ohne Gehirn, nur um ein paar Goldnuggets zu finden oder einen Hamburger mehr in euch hineinzustopfen. Allein dafür hättet ihr einen Weltuntergang verdient.

So sauer auf uns, wegen ein paar Hamburgern?

Ein bisschen auch auf meinen Vater. Er war viel zu vertrauensselig, als er euch die Erde überlassen hat. Wäre er damals vorsichtiger gewesen, könntest du die Apokalypse als das Tagebuch eines Wahnsinnigen lesen.

Dann gibst du also zu, dass die Natur eine Fehlkonstruktion Gottes ist?

Die Fehlkonstruktion ist, dass er weder den Tieren noch den Pflanzen die Macht gegeben hat, euch in die Schranken zu weisen. Warum reißt ihr nicht den Vatikan ab, wenn ihr Platz für Mais-Benzin braucht? Aber was gibt euch das Recht, ganze Tier- und Pflanzenwelten auszurotten?

Sie mögen zwar beseelt sein, aber es ist doch unbestreitbar, dass sie für uns als Nahrung geschaffen wurden. Für sie gelten andere Regeln als für den Menschen.

Auch, wenn es nicht ins Weltbild eurer Fleischindustrie passt, Tiere sind im göttlichen Plan keine Wesen zweiter Klasse. Auch sie stehen unter Gottes Segen. Ihr Leben hat eine Bedeutung.

Aber keine Spiritualität.

Oh, doch. Aber dafür fehlt den meisten von euch die Antenne. Dagegen können Tiere euch sensibel scannen. Hunde, Katzen ... sie trauern mit euch, sie freuen sich mit euch. Sie fühlen euch, sogar über euren Tod hinaus. Tiere sind euch also nicht nur im Lieben, Leiden und Sterben gleichgestellt. Komm mir jetzt nicht damit, dass ihr Verhalten bloß eine Projektion von Frauchen oder Herrchen ist. Sie haben auch einen spirituellen Geist, der sich entwickeln will.

Du meinst jetzt aber nicht Otto, den schwarzen Kater von Lo, der Freundin meiner Mutter. Ein würdevoller alter Schnurrer, der für hektische Nagetiere nur noch einen gelangweilten Blick hat. Lo wohnt in einem bayrischen Dorf gegenüber von einem Friedhof. Ab und an gibt's eine Beerdigung. Also: Sobald sich ein Trauerzug ankündigt, entwischt Otto aus dem Haus. Höchstwahrscheinlich riecht er den Weihrauch. Am Straßenrand wartet er geduldig, bis die Trauernden ankommen. Dann begibt er sich an den Anfang des Zugs und stolziert voraus. Immer im selben Abstand von ca. fünf Metern zu den Trauernden. Am Grab angekommen, setzt er sich rechts vom Pfarrer neben das offene Grab. Wenn alles vorüber ist, wartet er, bis sich der Friedhof geleert hat und spaziert wieder nach Hause. Am liebsten mag er es, wenn ein höheres Mitglied der Gemeinde zu Grabe getragen wird. Dann gibt's nämlich Blasmusik. Und Otto marschiert im Gleichschritt vorne weg.

(SCHMUNZELT) Wer weiß, was er in einem anderen Leben angestellt hat. Vielleicht war er ja Pfaffe.

Wie schön, dass euch da oben der Humor nicht abhandenkommt, wenn ihr an der Menschheit wirkt. Die Gelassenheit, mit der du Tiere fast schon als bessere Menschen siehst, hat ja etwas sympathisch Hinduistisches. Aber noch kenne ich kein Tier, das die Welt weiterentwickelt hat. Auch keine heilige Kuh.

Das ist auch nicht deren Bestimmung.

O.k. Dass der Umgang mit der Schöpfung in unserem Jahrhundert aus dem Ruder läuft, liegt nicht an Gottes Plan, sondern an Mining-Companies und Finanzfonds, die sich an ihnen beteiligen. Mal von den Narren in den Regierungen ganz abgesehen. Beginnt das Problem nicht also doch wieder mal beim freien Willen?

Es beginnt damit, dass Gott den Tieren und Pflanzen nicht dieselben Rechte gegeben hat wie euch. Dass er eine Sprachgrenze zwischen euch gezogen hat, sodass sich die Tiere nicht verständlich machen können. Dass er euch zugetraut hat, das Heilige in der Natur zu erkennen. Dass er eure Empathiefähigkeit falsch eingeschätzt hat. So viel Menschenkenntnis hätte er doch haben können, dass ihr nur auf den Erhalt eurer eigenen Würde erpicht seid, nicht aber auch die Würde der Natur für unantastbar haltet. Sauer bin ich aber vor allem auf meine Anhänger, dass sie so wenig gegen diese Geokriminellen unternehmen. Wo ist der Massenprotest der Christen gegen die Zerstörungen der Natur am Amazonas? In Afrika? In Asien? In Europa? Wo ist die offizielle Klageschrift der Kirchenleitung gegen die Tierschänder. Und zwar nicht als allgemeines Wischiwaschi, sondern mit Namen, Firmen, Fakten. Und daraus folgend mit Ideen für mutige Aktionen gegen sie und nicht nur Gebeten für Bäume und sonstige Lebewesen.

Ist die Apokalypse vielleicht die konsequente Rache der Tiere an den Menschen?

Wie kommst du denn darauf?

Von der Heuschrecke bis zu den Fröschen – alle dürfen in der Endzeit wahnsinnige Blutbäder unter uns anrichten. Die Natur rottet ihren größten Feind aus, bevor es für sie selbst zu spät ist?

Geht nicht. Tiere können nun mal nicht in ethischen Begriffen denken und dementsprechend handeln. Auch wenn es manche im Himmel gerne anders hätten, aber nur der Mensch kann als Richter und Henker agieren.

Als was dient die Apokalypse dann mit ihren Monstertieren? Als ideologische Vorlage für eine radikale Menschenausrottung? So eine Art »Mein Kampf« für die Endzeit?

Glaubst du wirklich, Gott redet wie ein Faschist?

Gott soll dem, der auch nur ein Wort im Buch der Offenbarung hinzufügt oder weglässt, all die giftigen Plagen dieses Buches zufügen? Das ist die Sprache eines gnadenlosen Teufels.

Das soll Gott sein? Ich bitte dich! Traust du Gott wirklich so viele Minderwertigkeitskomplexe zu, dass er zu solchen Methoden greifen muss?

Welcher Metaphysik sind dann die Verschlüsselungen der Apokalypse entsprungen?

Was soll denn da so metaphysisch sein an Pferden und Reitern, die feuerrote, rauchblaue und schwefelgelbe Panzer tragen? Es sind tödliche Viren.

Und der »Rauch, der aus einem Schacht wie aus einem großen Ofen aufsteigt und die Sonne und Luft verfinstert«?

Die Verpestung der Luft. Die Klimakatastrophe.

»... kaufe Salbe für deine Augen, damit du sehen kannst?«

Studiere die frohe Botschaft und lerne daraus.

»Wer siegt, dem werde ich von dem verborgenen Manna geben?«

Die konkrete Begegnung mit Gott, die eine reine und süße Nahrung ist. Ganz schön kitschig.

Wer sind die sieben Gemeinden, die als die »sieben Leuchter« bezeichnet werden?

Sieben, die Zahl der Vollkommenheit, verweist auf die sieben Chakras, die in jedem Menschen gesäubert werden müssen, um erleuchtet zu werden. Jedes dieser Energiezentren in dir ist eine solche »Gemeinde«.

»Ich werde ihm einen weißen Stein geben, und auf dem steht ein neuer Name, den nur der kennt, der ihn empfängt?«

Es ist der letzte, leere Stein des Maya-Kalenders, auf dem jede Seele ihr neues Leben verzeichnet findet.

Der 21. Dezember 2012? Das Datum, das die Mayas berechnet haben? Dann hätte sich das galaktische Zentrum durch die Sonnenwende verfinstern sollen. Das sollte mit einer schlimmen Katastrophe einhergehen. Zumindest laut Hollywood. Hat aber nicht geklappt. Mal wieder nicht!

Vergiss Hollywood. Dahinter steht eine große kosmische Weisheit. Die Mayas waren professionelle Himmelskundige. Ihre Berechnungen stimmen mit denen anderer Religionen überein. In solchen Zeiten des Übergangs entwickelt die Menschheit sich auf eine neue Stufe. Steinzeit, Bronzezeit, Eisenzeit waren Vorstufen einer technologischen Entwicklung, die immer schneller voranschreitet. Die Beweise dafür purzeln zurzeit nur so auf euch ein. Bald wird es intelligente Kontaktlinsen geben, die euch online mit dem weltweiten Netz verbinden. Arztroboter werden eure Krankheiten präzise analysieren können. Der Weltraum ist irgendwann wie Nachbars Garten und so weiter. Das ist nur der sichtbare Teil all der fundamentalen Erfindungen, aus denen ein alternatives Bewusstsein entsteht.

Das kann ein rein industrielles Phänomen sein. Ich persönlich spüre eher eine radikale Beschleunigung der Zeit. So als ob der liebe Gott die Uhr auf schneller gestellt hat. Kann Gott die Zeit verändern?

Gott kann die Zeit verlängern, verkürzen, aussetzen. Für jeden Einzelnen wie für den gesamten Kosmos.

Wie willkürlich tut er das?

Die Erde ist durch zyklische Wechsel bestimmt. Einer davon steht jetzt an. Daran hält sich auch Gott. Es ist ein fließender Weltenübergang. Aber meinst du wirklich, ein nervöser Gott fummelt an der Atomuhr herum?

ICH STRAHLE IHN AN.

Vielleicht spielt er ja mit der Abweichung von 1 Sekunde auf 20 Millionen Jahren. Auf die Ewigkeit gerechnet, könnte das zu gewaltigen Zeitsprüngen führen.

Die Zeitverwirrer seid ihr selber. Ihr macht euch vor, dass ihr alles im Leben irgendwie gleichzeitig mitnehmen müsst und seid von morgens bis nachts im Stress.

Wissen wir spätestens seit 1865 seit Alice im Wunderland: Hier musst du ganz viel rennen, um nicht von der Stelle zu kommen.

Irgendwann ist das dann nicht mehr spaßig. Dann zerbricht eure Psyche wie eine eingeworfene Fensterscheibe. Spiritualität und Gott haben viele nicht mehr auf dem Schirm. Dabei sind sie es, die Muße schenken.

»Muße ist die Schwester der Freiheit«. Dein philosophischer Wegbereiter Sokrates!

Da ihr die nicht gelernt habt, sind die Folgen absehbar. Ihr denkt, die Zeit jagt euch, aber ihr jagt die Zeit. Und wenn ihr dann in der Klinik liegt, wünscht ihr, dass ihr die Uhr zurückdrehen könntet. Wer zu schnell ist, den bestraft das Leben. Schneller als erwartet.

Manch einer ist eher davon überzeugt, dass Erdbeben, Bürgerkriege oder Tsunamis Vorzeichen einer kommenden Endzeit sind. Dann ist es sowieso egal, wie wir durch's Leben gerannt sind.

Das Ende der Welt wurde oft vorhergesagt. Und? Ist die Welt bisher untergegangen? Glaubt ihr wirklich, dass Gott euch vorwarnen würde, wenn er ein Anhänger der Endzeit wäre? Damit ihr schon mal vorab vor Furcht zittert? Das ist Teufelswerk, aber nicht Gottes Beitrag.

Vielleicht hat dein Vater Geheimnisse vor dir.

Es ist nicht der Job der Liebe, sich in Gottes kosmologische Planung einzumischen, aber ihr könnt die Zeichen lesen und seit Längerem erkennen, dass die Zeit für etwas weitaus Spektakuläreres reif ist.

Und das wäre?

Die Erlösung. Und für die gibt es in der Tat Hinweise.

Prophetie? Wissen? Apokalyptisches Spektakel? Was denn nun?

Gott schenkt euch jetzt die Freiheit, euch und die Natur immer besser erkennen zu können. Ihr werdet immer tiefer und genauer in die Geheimnisse allen Lebens eindringen können. Das findet nicht an einem Tag statt, sondern wird peu à peu in euch transzendiert. Ansonsten könntet ihr das nicht ertragen. Tiere mit sieben Köpfen und zehn Hörnern könnt ihr ja schon. Und schon jetzt könnt ihr euch von den Socken bis zum Auto alles gebrauchsbereit ausdrucken lassen. Das sind nicht nur technische Erfindungen. Mit ihnen geht ein ungeheurer Wandel eurer Lebensziele vonstatten. Besitz wird unwichtig. Wissen als Herrschaftsmittel hat ausgedient. Es wird breit verteilt und für jedermann verständlich sein. Ihr werdet in die innere Herzkammer der Natur vorstoßen und deren immense Möglichkeiten anzuwenden lernen. Ihr seid wie Kinder, die gerade dabei sind, eine neue Sprache zu lernen. Diese ist seit der Vertreibung aus dem Paradies in euch und darf von euch jetzt langsam ausgepackt werden. Ihr werdet euch wundern, was für ein wunderbarer Gott sich da für euch öffnet. Der 21. Dezember 2012 ist von daher ein Ausgangsdatum und nicht das Ende.

Es scheint, wir Menschen starren immer noch lieber gebannt auf Zahlenmetaphern als auf deinen wunderbaren Gott. Die Zahlensymbolik in der Apokalypse ist da keine Ausnahme.

Da frage ich mich auch, warum eigentlich?

Naja, sie machen den Himmel berechenbar. Es gibt einen statistischen Halt im Nebel der Erwartungen.

Klasse! Ihr habt den Himmel verloren, aber die Statistik gefunden.

Ich muss einfach noch einmal nachfragen: Warum also hat sich am 21. Dezember 2012 nichts geändert?

Wie gesagt, ihr steht jetzt vor einem goldenen Zeitalter. Aber Luzifer wird noch eine bittere Not anzetteln. Inflation, Erdbeben, Seuchen, Hungersnöte, Kriege, falsche Propheten hat es immer schon gegeben. Aber sie waren noch nie als kollektive Erfahrung und Vernichtungsmöglichkeit der Schöpfung so präsent im Bewusstsein der Menschen wie heute. Dadurch wächst zwar das globale Herz der Völker zueinander. Man kennt einander. Aber das nutzt immer noch nichts, wenn Satan sich wieder einmal auf einen Politiker oder einen Terroristen verlassen kann. Deswegen wird Gott diese Zeit verkürzen. Er will kein Leid mehr sehen. Die Frage ist jedoch: Schafft ihr es, Gott und mich als seinen Sohn als eure Helfer im Leid zu erkennen? Im Gebet zu ihm die Medizin zu finden, die euch heilt? Schafft ihr es, zu akzeptieren, dass der Tod Heilung sein kann? Weil er nicht das Ende ist?

Und wer dabei nicht mitmachen will, hat die ... sorry ... Arschkarte. Schon wieder so ein Vergeltungsszenario.

Klar. Spreu oder Weizen! Aber keine Panik, bitte. Die notorischen Kains dürfen sich durch Aussterben vom Acker machen.

Also, keine Engel mit Posaunen, die ihnen den Marsch blasen, die Winde fesseln und mit dem Drachen kämpfen?

Apokalypse war gestern. Also, auch hier kein Grund zur Hysterie, die ihr so übereifrig kultiviert. Sieh es, wie es ist. Die Apokalypse ist eine literarische Erfindung.

Wie bitte? Du schaffst gerade die Apokalypse ab? Höre ich da eine kleine Sensation heraus?

Wenn mein Leben einen Sinn gehabt hat, dann auch den, euch von solchen Endzeitfantasien zu befreien. Das Weltgericht mit dem ganzen Zirkus von Posaunen und Ungeheuern und Zauberworten ist eine Erfindung des Teufels.

Sensation Nummer Zwei. Ein Buch in der Bibel wurde vom Teufel platziert?

Er hat das ganz geschickt gemacht. Er hat göttliche Wahrheiten mit der Wahrheit seiner Hölle verflochten. Sodass es schwerfällt, sie voneinander zu trennen.

Vielleicht kann man sie auch nicht voneinander trennen. Was sollte der Teufel davon haben, uns so an der Nase herumzuführen?

Weil er gerne den unbarmherzigen Gott spielt und die Hölle in dem Fall die bessere Alternative zur Apokalypse sein könnte. Sieh es mal so. Du kannst mit Betrügen und Lügen zu einem bequemen Leben kommen. Das steht dann schon mal auf der Habenseite. Und an der Vergebung kannst du ja auch noch als Rentner arbeiten. Die Hölle ist weit weg und was ist sie schon? Im Feuer verbrennen? Na gut, das passiert bei jeder Urnenbestattung. Viel mehr an Informationen gibt es nicht. Aber die Apokalypse ist generalstabsmäßig geplant. In den Katastrophen der Offenbarung gibt es keine Chance zu entkommen. Sie tritt unabhängig von deinem Verhalten ein. Ganz im Gegensatz zum Besuch der Hölle, der sich nach deinen Taten richtet. Die Apokalypse Gott in die Schuhe zu schieben, ist eine teuflisch gute Idee.

Aber sie trifft uns mit voller Wucht. Ob das nun von Gott kommt oder vom Teufel, ist da relativ wurscht.

Genau diesen Gedanken will er in dich mit der Apokalypse einpflanzen. Wenn es »wurscht« ist, wer es da mit dir beim Weltuntergang treibt, dann kannst du dich schon auf der Erde wie ein Teufel aufführen. Und Gott vergessen. Überleg mal, wer heute noch aufrichtig an Gott glaubt!

Dann hast du aber die Belohnung vergessen, die die Braven nach dem letzten Gericht beglückt. Über sie wird im neuen Jerusalem Gott leuchten. So endet die »Offenbarung«!

Hast du genau hingehört? Was gibt es in diesem neuen Jerusalem wirklich? Teure Juwelen, eine grandiose Stadt aus reinem Gold, eine hohe Mauer drum herum, sodass nur die hineinkönnen, die rein sind. Also gibt es draußen immer noch Hauen und Stechen. Auf den Toren stehen nur die zwölf Namen der Stämme Israels. Und was ist mit den Einwohnern von Madagaskar? Oder denen von Düsseldorf? Oder die Buddhisten in Bangkok? Kommen die nicht hinein? Die Bewohner dieser Stadt dürfen dann auch noch als Knechte Gott dienen, aber im selben Absatz heißt es, dass sie in alle Ewigkeit herrschen werden. Über was auch immer. Willst du dir das wirklich als finalen Gottestext antun?

Das klingt doch vernünftig. Außerdem ist es Literatur. Was brächte Mephisto sein Vexierspiel?

Angst machen! Durch die Kraft des Wortes.

Macht Gott das nicht auch?

Ist es so schwer zu kapieren, dass ich das Ende der Angst bin?

Anscheinend.

Glaubst du, was du da sagst?

Nein. Tut mir leid. Dann hat der Teufel aber mehr erreicht als du, denn gerade heute gilt für viele mehr denn je: Angst essen Seele auf. Die Angstkrankheit »Burn-out« brennt den Lebensmut aus. Die Erkrankten haben Angst vor dem beruflichen Versagen, Angst vor Liebesentzug, Angst vor den eigenen Kindern, Angst vor dem nächsten Tag.

Angst kann die Seele nicht aufessen, aber du kannst sie zu einem Ungeheuer wachsen lassen, wenn du sie nicht als Teil deines Lebens akzeptierst. Entsetzliche Angst vor dem Leben! Genau das will der Teufel mit der Apokalypse erreichen.

Oder Gott.

Ganz sicher nicht. Ich rate genau zum Gegenteil. Statt Angst Hoffnung! Fasse Mut zu dir. Respektiere dich. Vertraue dir. Liebe dich. Sag es dir immer wieder und wieder. Lass dir von nichts und niemandem einflüstern, dass du alleine bist.

Angst lässt sich nicht so einfach wegakzeptieren.

Auch ich habe Angst gehabt. Ich habe meine Augen geschlossen und zu meinem Vater gebetet.

Hat er geholfen?

Wer sonst, wenn du dich verlassen fühlst? Gott hilft immer.

Der Teufel hat da also mit ein paar Symbolen gespielt und die Apokalypse als perfekte Angstmacherin benutzt. Ich verstehe trotzdem nicht, warum die ganze Anstrengung.

Um eine tiefere Enthüllung zu verhindern.

Verstehe. Er legt eine falsche Fährte.

Du sagst es. Aber auch irgendwie skurril, wie viele Leser auf so eine surreale literarische Fantasie abfahren. Das zeigt, was für einen anarchistischen Geist ihr besitzt.

Ob mit oder ohne Teufel. Umwelt- und Wirtschaftskatastrophen sind, über die Jahrtausende verteilt, durchaus häufiger aufgetreten. Gibt's das Weltgericht öfter?

Inzwischen jeden Tag. Zu den üblichen Öffnungszeiten. Beim Internationalen Strafgerichtshof in Den Haag, Niederlande. Und da macht es auch Sinn.

Stimmt denn so gar nichts im Buch der Offenbarung?

Richtig ist, dass ich nach meinem Tod auf einer »Wolke« gekommen bin. Sie ist das Bild für den Heiligen Geist. Er hat mich kurz nach meinem Tod wieder in einen irdischen Körper transformiert. So konnte ich bei meinen Jüngern auch noch die letzten Zweifel an meiner Herkunft ausräumen.

Das steht doch schon in der hinduistischen Bhagavad Gita. Da heisst es, dass der Herr als Inkarnation herabsteigt, um die Gottgeweihten zu befreien und die Schurken zu töten. Hat der Teufel da nicht einen dummen Fehler gemacht, als er die Geschichte mit der »Wolke« ins Buch der Offenbarung aufnahm?

Na ja, er musste Wahrheitstropfen in seinen Text einfließen lassen, sonst wäre man ihm sofort auf die Schliche gekommen. Am besten solche, die nachweisbar auch bei anderen Religionen zu finden sind.

So so. Und was sagt uns dieser Wahrheitstropfen?

Handle mit Gott! Ohne Angst vor ihm. Das hat er schon vor 3000 Jahren mit Moses und den Israeliten vorgemacht. Das gilt heute für jedes Individuum. Gott lässt mit sich handeln. Jetzt sofort. Warum siehst du mich so verwirrt an? Du kannst mir glauben, es gibt kein Weltenende mit Leichenbergen und mythischen Tierchen.

Und wenn doch?

Gehen wir es mal logisch an. Wenn Gott mit sich handeln lässt, dann kannst du ihm auch die Apokalypse ausreden. Sonst bräuchte er das Angebot ja gar nicht erst zu machen. Auch das Weltende muss also Teil der Verhandlungsmasse sein.

Würdest du uns mit ein paar kräftigen Argumenten helfen, mit ihm über die Apokalypse zu verhandeln? Ich meine natürlich nur, falls es doch nötig wäre.

Angsthase! Würdest du mit ihm überhaupt verhandeln wollen? Es ist Gott!

Sofort. Auch wenn ich mir vielleicht vor Angst in die Hosen mache, wenn er mit Blitz und Donner auf mich losstürmt.

Was wären denn deine Argumente, die euch als erhaltenswerte Spezies ausweisen? Bei all dem, was ihr so ausrottet, darf man die Frage ja mal stellen.

Als Erstes würde ich dich bitten, mitzukommen.

JESUS LACHT.

Das ist clever.

Ich würde Gott zuerst fragen, welches Opfer ich bringen soll?

Was hast du zu bieten?

Darf ich raten? Mich?

Zu wenig für die gesamte Menschheit.

Dann eben dich?

Ich war schon mal dran.

Dann würde ich ihm ein Foto zeigen.

Ein Foto?

Es ist vor Kurzem in einer Stadt irgendwo in China aufgenommen. Wir sehen eine Strasse mit einem sauber gekehrten Bürgersteig. Es sieht nach Sonntagmorgen aus. Ein verkrüppelter, armer Junge hat vor einem langen Tapeziertisch, der mit einem roten Tuch verkleidet ist und auf dem ein paar Prospekte liegen, Halt gemacht. Hinter dem Tisch stehen einige elegant angezogene und gut genährte Leute. Zwei Frauen tragen goldene Schärpen mit roter chinesischer Schrift. Ihre Haare sind wie die der Männer ordentlich gescheitelt. Der Junge ist ca. 14 Jahre alt und besteht nur aus Haut und Knochen. Er trägt ein verwaschenes gelbes T-shirt, das seinen ausgemergelten Körper umschlabbert. Ein ausgedienter Plastikschlitten, den sich die Kinder auf der ganzen Welt zum Rodeln unter den Po schieben, dient ihm als eine Art Rollstuhl ohne Räder. Mit seinen leprösen, spindeldürren Beinen kann er weder laufen noch stehen. Zum Fortbewegen nutzt er seine Handballen. Auf dem Pflaster vor ihm befindet sich eine durchsichtige große Plastikbox zum Spendensammeln. Der kleine Bettler hat seinen leeren Bettelnapf aus Messing danebengestellt. Es wird Geld für einen wohltätigen Zweck gesammelt. So wie es gute Bürger von München bis Bombay machen. Tapeziertisch, professionelle Prospekte, angenehmes Auftreten. Der Fotograf hat den Moment festgehalten, wo sich die wohlbetuchten Spendensammler zu dem ärmlichen Kerlchen herunterbeugen. Er sieht ungläubig zu ihnen auf. »Ihr auch?«, liegt in seinem mitfühlendem Blick. Er hält ihnen einen zerknitterten Geldschein entgegen. Sie schauen ihn verblüfft an. Es ist wohl sein ganzer Besitz. Den spendet er.

JESUS SIEHT MICH LANGE AN. DANN LÄCHELT ER.

Vielleicht seid ihr ja doch noch einen Versuch wert.

Ich will ja nicht zynisch sein, aber Leben ist Geben und Nehmen. Also, welches Opfer will Gott von uns?

Kein Opfer. Dass die linke Hand nicht wissen soll, was die rechte tut, heißt nichts anderes, als die Logik von Geben und Nehmen außer Kraft zu setzen.[56]

Die Offenbarung kann man auch als Opferbuch lesen.

Einfacher als hier lässt sich nun wirklich nicht beweisen, dass diese Offenbarung nicht durch Gott erfolgte, sondern durch Luzifer. Was er da unter falschem Namen wieder an Menschenopfern fordert, ist krankhaft brutal. Er weidet sich am Blut dieser Opfer.

Aber Gott sah bei Opfern auch schon zu. Zum Beispiel, als zu alttestamentlichen Zeiten im Hinnomtal, nahe bei Jerusalem, kleine Kinder lebendig geschlachtet und dann auf offener Flamme verbrannt wurden. Ihre entsetzlichen Schreie wurden durch Paukenschläge übertönt.

Wie Gott diese Opfermorde hasste! Verstehst du jetzt, warum er die Götzen so rigoros bekämpfte? Er konnte nicht eingreifen! Und er kann das bis heute nicht. Er kann kein Kind vor dem Opfertod retten. Auch nicht vor einem Krieg. Das ist die große Katastrophe Gottes. Seine ganz persönliche Apokalypse.

Vor einem Monat las ich in einer schockierenden Pressenotiz, dass wieder vermehrt Kinder für Ritualopfer entführt und ermordet werden. In Afrika und Großbritannien! Im 21. Jahrhundert!

Erstaunt dich das? Seid ihr weniger barbarisch, nur weil ihr Autos fahrt? Kelten haben Kinder lebendig eingemauert. Karthager haben sie in ihren Ritualen geschlachtet. Inkas erwürgten sie mit einer Schnur. Voodoo-Priester haben ihr noch warmes Blut ge-

[56] Matthäus 6,1-4

trunken. Kinderopfer waren dabei immer der Höhepunkt einer magischen Kulthandlung für die Götter.

Aber warum nur? Es sind wehrlose Kinder!

Kinder gelten als die meist geliebten Lebewesen. Sie zu opfern, käme keinem normalen Menschen in den Sinn. Wenn zur Zeit der alttestamentarischen Könige ein Feind kurz vor der Eroberung einer Stadt stand, sollte ihre Verbrennung bei lebendigem Leib dem Götzen beweisen, dass die Bevölkerung bereit war, ihr Liebstes zu opfern. Durch ihren Tod sollte eine Niederlage abgewandt werden.

Warum haben sich die Priester nicht selber geopfert?

Antwort der Priester: Wer sollte dann die Zeremonie durchführen?

Dein Vater erscheint da nicht unähnlich. Auch er hat seinen eigenen Sohn geopfert.

Nein, hat er nicht. Die Tempelpriester haben mich im Verein mit den römischen Besatzern umgebracht.

Was für ein billiger Trost.

Ich wiederhole. Mach Gott nicht verantwortlich für die Verbrechen der Menschen.

Du hast ihn sogar aufgefordert, den Opferkelch an dir vorübergehen zu lassen.[57]

[57] Matthäus, 26,39; Markus 14,36; Lukas 22,42

An wen sonst sollte ich mich wenden? Nur Gott wusste, ob meine Ideen wahr sind oder die Fantasie eines Irren.

Gott opfert seinen Sohn und hat keine Antwort?

Was sollte er antworten? Hallo, hier bin ich. Trink mal schön aus. Stell dich nicht so an. Bist schließlich mein Sohn??? Ich habe mich selber geopfert. Es war meine freie Entscheidung. Ich habe Gott bis zur letzten Konsequenz bewiesen, wozu Menschen fähig sind, die an ihn und seine Liebe glauben.

O.k. Gott hat dein Opfer nicht verlangt, aber zugesehen. Auch, wenn es in dem Zusammenhang spitzfindig klingt, aber jeder Bürger in einem zivilisierten Staat, der bei einem Verbrechen zuschaut und nicht eingreift, gilt vor Gericht als mitschuldig.

Du solltest mal kapieren, dass ich für euch ein für allemal den Himmel geöffnet habe. Anstatt dankbar zu sein – dieses mickrige Gott-Bashing. Warum zieht ihr ihn immer so gerne auf das Niveau einer verbissenen Scheidungsschlacht vor Gericht? Bei Gott und mir gibt's für euch, dank meines Opfers, Wonne pur. Capisce? Kann ich bitte einen Schluck Wasser haben?

Verzeih. Selbstverständlich.

Danke.

Jesus! Noch leben wir auf der Erde. Wo ist deine Erlösung? Sie kann genauso spekulativ sein wie der Weltuntergang.

Hast du Angst vor dem Himmel oder dem Weltuntergang?

Haha. Aber, wenn nun gar keines dieser vorhergesagten Ereignisse eintritt wie zum Beispiel dein Erscheinen auf einer neuen Wolke ... was dann?

Dann hat Gott sich anders entschieden.

Danke für die frohe Botschaft.

Ja, er ist sehr großzügig.

Jesus! Lassen wir uns da ein Hintertürchen offen?

Gottes Hintertürchen steht immer offen. Er ist seit meinem Tod auf alles gefasst, was euch betrifft.

Jetzt brauchen wir nur noch den wahren Schuldigen, der für den ganzen Schlamassel verantwortlich ist. Zum Beispiel die, die uns mit Gott immer noch Angst machen wollen. Die können wir doch fertigmachen und wir hätten das Problem gelöst. Auch wenn das jetzt weit hergeholt scheint, sei mir diese Frage gestattet: Ist es erlaubt, einen Teufel zu verteufeln, bevor er dann vielleicht doch den roten Knopf drückt?

Was wäre die Ethik dahinter? Alle, die das Verteufeln erlauben, wollen den Verteufelten über kurz oder lang ausmerzen. Erst wird er verbal gebrandmarkt, dadurch die Hemmschwelle herabgesetzt, und irgendwann ist das Töten von Verteufelten eine Heldentat. Ich habe niemanden verteufelt, sondern nur wahre Ereignisse vorhergesagt.

So wie deinen Tod?

DARF GOTT STERBEN?

Luzifer hat lange darüber nachgegrübelt, wie er mich spektakulär für alle Zeiten der Lächerlichkeit preisgeben könnte. Die ganze Bandbreite des teuflischen Programms: Verraten durch einen Kuss. Unschuldig zum Tode verurteilt.

Dazu verspottet, angespuckt und gegeißelt. Du hast das alles viel zu stumm ertragen. Hättest du den brutalen Soldaten nicht ins Gesicht spucken können? Ihre Obszönitäten mit Gleichem vergelten? Ihnen ihre Grenzen aufzeigen? Terror mit Gegenterror beantworten?

Schreien? Obszönitäten? Spucken? Das sollte meine Antwort sein? Welches Bild hättest du von mir, wenn ich so reagiert hätte? Es hätte ihnen nichts entgegengesetzt. Was wären meine Worte heute noch wert, wenn ich in diesem Augenblick mein Ego über meine Mission gestellt hätte? Meine Aufgabe war es nicht, die Welt mit Terror zu überziehen, um darauf dann eine neue Gesellschaftsordnung aufzubauen.

Viele Zuschauer säumten deinen Kreuzweg. Du hättest ihnen mit deinem Beispiel Mut gemacht.

Ich habe ihnen mit meinem Beispiel Mut gemacht.

Wolltest du nicht eher ein Märtyrer für Gott sein?

Die Faszination, für Gott sein Leben zu opfern, ist natürlich groß. Aber ich befand mich nicht in einem Heiligen Krieg. Ich bin nicht Gottes Guerillero. Ich bin sein Sohn.

Der Prophet Mohammed hat Mekka mit dem Schwert eingenommen. Auch du hättest Krieger rekrutieren können. Die hätten den Heiligen Krieg für dich gewinnen können.

Ich weiß nicht, ob man einen Krieg gewinnt, wenn man Frauen und Kinder umbringt. Ich weiß aber, dass man mit Krieg und Attentaten nicht dieselbe Kraft entwickelt wie eine Revolution. Über wie viele Attentäter redet man noch 2000 Jahre nach ihrer Tat? Es ist ja nicht eine Idee der Gerechtigkeit, die dahinter steht.

Warum hast du nicht einfach rechtzeitig aufgegeben?

Gott hätte euch im Stich gelassen. Er wäre nicht mehr euer Vater. Ihr wärt wie ausgesetzte Kinder im Dschungel, die sich nach Geborgenheit verzehren. Aber da ist dann niemand mehr.

Also finito Menschheit?

Er würde euch wie den Rest seiner Kreationen behandeln. Geburt, Leben, Sterben wie gehabt. Das Leiden wäre euch erhalten geblieben. Aber ohne Erlösung. Keine Utopie. Die Tür zu einem Leben nach dem Tod wäre zu.

Danach sehnt sich manch einer.

Ach, wirklich?

Vielleicht kann ich nur so naiv oder dumm fragen, weil ich weiss, dass du im Grunde der ideale Mensch bist, der sich für nichts zu schade ist. Aber warum immer wieder »Sohn Gottes«? Das war dein Todesurteil.

Ich bin der Sohn Gottes, weil ich nun mal der Sohn Gottes bin. Ich bin nicht der Sohn Buddhas und nicht eines der Kinder Mohammeds oder eines Propheten oder einer indischen Gottheit. Warum sollte ich gerade an dieser Stelle lügen? Hätte ich mich als politischen Messias feiern lassen, wäre ich von den Juden vielleicht auf den Thron gesetzt und nichts ans Kreuz genagelt worden. Klar. Und dann? Wenn mir jemand in diesem Punkt keinen Glauben schenkt, kann er mich auch nicht erkennen.

Deswegen hast du heute so wenige Chancen.

Ich weiß, dass meine Wahrheit für viele Menschen nicht leicht zu akzeptieren ist. Ihr Verstand versagt da. Sie haben oft auch Angst, in ihrer eingefahrenen Weltsicht verunsichert zu werden. Vielleicht sogar vor Verwundungen in ihrem selbstgefälligen Ich. Da ist ein Mensch, der sich für andere opfert? Der sagt: »Es gibt keine größere Liebe, als wenn einer sein Leben für seine Freunde hingibt.«[58]

Ist das nicht eher die Liebe zu sich selbst?

Paulus hatte zweifellos recht mit seinem Ausspruch »Liebe glaubt alles, erträgt alles, hofft alles«.[59] Was bei ihm wie so oft im Überschwang untergegangen ist, ist der Punkt, dass man für jedes Opfer – und Liebe lebt davon – auch tatsächlich etwas haben muss, das sich zu geben lohnt. Ohne deine Eigenliebe wird also nichts draus.

Im Endeffekt hat Judas dann ja auch sein Leben für dich hingegeben, als er sich umbrachte. Es ist nicht fair, dass er keine Chance hatte. Er musste dich verraten.

[58] Johannes 15,13

[59] 1 Korinther 13,7

Nein, musste er nicht. Er hat mich auch nicht durch seinen Kuss retten wollen. Besser wäre es gewesen, die Menschen hätten damals genug Liebesenergien angehäuft. Dann hätte Satan nicht in Judas fahren können. Wir hätten ihn noch während meiner Lebenszeit bezwungen. So musste ich den Weg bis zum Ende gehen.

Beim letzten Abendmahl mit deinen Jüngern hast du sie wieder und wieder gemahnt, in deiner Liebe zu bleiben. Wenn sie schon so viel Zuspruch brauchten, wie sollen wir da den Judas in uns überwinden?

Öffne dein Herz und deinen Verstand für mich. Kapiere, dass meine Liebe immer konkret ist. Sie ist sinnlich spürbar. Lade mich zu dir in deine tägliche Welt ein. Kommt eine Gabelung in deinem Leben, kannst du sicher sein, dass ich dich nicht zwingen werde, eine Richtung einzuschlagen, die dir nicht gut tut. Ich bin ein treuer und vertrauenswürdiger Lebensgefährte. Und die vielleicht irritierendste Information für dein Leben: Du musst mich nicht überzeugen, dich zu lieben. Ich liebe dich.

Das kommt immer gut an. Waren deswegen die einfachen Leute im Tempel von einem Jesus mehr beeindruckt als von den Hohepriestern?

Ich war sexy Punk. Die Priester gehörten zur herrschenden Klasse. Was sah also nach mehr Spaß aus? Aber im Ernst. Das Volk sah, dass ich heilen und helfen konnte, wo die anderen nichts zu bieten hatten als Worte. Ich war kein Phantom hinterm Tempelvorhang. Ich war wirklich. Die Menschen folgten mir deswegen zu Tausenden. Kinder strahlten in meiner Gegenwart vor Freude, denn sie durchschauen, ob einer spinnt, lügt oder ein alberner Clown ist. Ein Wort von mir genügte, ein Handauflegen, sogar das bloße Berühren meines Kleides reichte aus, um Leiden in Glück zu verwandeln. Als ich auf einem Esel, dem Sinnbild eines gering geschätzten Lebewesens, in Jerusalem einritt, haben die Menschen aus Dankbarkeit und Verehrung sogar ihre Kleider vor uns auf die Straße gelegt. Der wertvollste Besitz, den sie hatten. Das haben sie für keinen Hohepriester jemals freiwillig getan. Sie jubelten mir zu, weil sie meine Güte und Herzlichkeit erlebt hatten. So gefährlich war ich.

Aber sie haben dich auch nicht rausgehauen, als es eng wurde. Hast du nicht irgendwann einmal daran gedacht, alles hinzuschmeißen?

Es gab einen Augenblick in meinem Leben, da war ich das einsamste Wesen im ganzen Universum. Als meine Jünger nach dem letzten Abendmahl eingeschlafen waren, fühlte ich es wie den Stich eines giftigen Skorpions. In wenigen Stunden würde ich ermordet werden. Niemand konnte mir mehr helfen. War Gott wirklich mein Vater? Ich war nur noch ein furchtsamer Mensch. Ich hatte keine Kraft mehr.[60]

Nietzsche spricht von »der Zucht des großen Leidens.«

Deswegen musste er Gott abschaffen? Nur, weil er wissen wollte, ob danach noch was passiert? Er hätte mich fragen können. Aber ich glaube eher, er hoffte auf ein noch sinnloseres Leiden für sich und war enttäuscht, dass er da an Gott nicht vorbeikam.

C.G. Jung sagt: »Gott gelangt durch die Wunde hinein.« Wie tief muss eine Wunde sein, damit er hineinkommt?

Muss die Wunde sein? Wird der Mensch wirklich nur durch die Zucht des Leidens erhöht? Oder erkennt er im Leiden nur besser, dass die Welt mit all ihren Schätzen und Philosophien nur temporär ist. Mein Thomas hat das auf den Punkt gebracht:

[60] Matthäus 27,46; Markus 15,34

»Werdet Vorübergehende.« Auch an der Wunde. Verharrt nicht in der Verzweiflung. Lasst euch von dem, was euch auf der Erde zustößt, nicht an mir oder meinem Vater irre werden. Geht euren Weg geduldig und tapfer weiter. Dann werdet auch ihr sagen können »Es ist vollbracht«.[61]

Den Tod oder den Krebs vor Augen ist das ein schwacher Hinweis.

Ich verspreche, der Mensch, der Gott annimmt, wird den Tod für immer hinter sich lassen. Es wird keinen Schmerz und keine Wunden mehr geben, keine Lügen, keinen Betrug, keinen Hass und keine Einsamkeit. Er kommt – und das meine ich real – in das Licht, das keinen Schatten wirft.

Eine Kreuzigung galt damals als besonders entehrend. Warum hat Gottes Liebe zu dir bei dieser qualvollen Todesart versagt?

In jenen brutalen Stunden am Kreuz habe ich mich das gefragt. Ich hatte grausame Schmerzen. Das Blut rann an mir herunter. Meine Haut begann zu eitern. Fliegen setzten sich in meine Wunden. Ein unvorstellbarer Durst quälte mich. Ich konnte mich nicht bewegen. Wem hatte ich Böses getan? Ich sah meine Mutter, meine Familie, meine Freunde und Anhänger. Ihre Hilflosigkeit, ihre Trauer. Ihre Wut. Ihre Verzweiflung vergrößerte mein Elend. Was hatte ich verbrochen? Warum hatte mein Vater mich verlassen? Ich hatte alles für ihn geopfert. Aber in diesem Moment war ich nichts anderes als ein geschundener, verlorener Haufen Fleisch. Getrennt von allen. Aber ich lebte noch und war bei vollem Bewusstsein. Ich spürte, wie man mir an einem langen Stock mit einem Schwamm daran Essigwasser zur Erfrischung in den Mund zu flößen versuchte. Um mein Leiden zu verlängern? Aus Mitgefühl? Aber ich wollte nicht mehr. In

[61] Johannes 19,30

diesem Moment war ich kurz davor, meinen Vater zu verraten. So wie Judas mich verraten hatte. Ich, der Liebe gepredigt hatte, wurde von Zorn und Hass und einer bitteren Verzweiflung erfüllt. Dann schrie es aus mir heraus: »Vater, warum hast du mich verlassen?«[62] Jetzt hatte die Finsternis Macht über mich. Das war die schlimmste aller Qualen.

Wieso hat Gott nicht geantwortet?

Niemand hat geantwortet. Kein Freund, kein Feind, kein Gott. Ich tauchte in die finstere Leere zwischen Himmel und Hölle ein, wo niemand mehr dich sehen kann. Du gierst nach einem Lebenszeichen ... und sei es ein Wurm auf dem Boden, ein grünes Blatt an einem Baum, der Hauch des Windes. Nichts. Du bist bei vollem Bewusstsein deines Schmerzes. Wie wenn du nachts nach einem schweren Unfall einsam und langsam verblutest. Deine Schreie kehren zu dir zurück. Es gibt niemanden mehr außer dir und du weißt es. Du möchtest sterben, alles in dir auslöschen. Du suchst den Tod, um dieser Leere zu entkommen. Aber er lässt sich Zeit.

Es gibt eine Leere zwischen Himmel und Hölle?

In dieser Leere durfte Satan sich ein letztes Mal an meiner Seele austoben. Er wollte mich in seine Hölle zerren. Gott hatte ihm alle Macht gegeben, mich auszulöschen. Am Kreuz hing deswegen nicht nur mein Leib, sondern auch Luzifer mit seiner Macht als Tod. Er wollte mit mir eins werden.

Ich verstehe nicht ganz. Warum mussten du und Luzifer am Kreuz eins werden?

[62] Matthäus 27,46

Der entscheidende Kampf zwischen der Macht über das Leben, also Gott, und der Macht über den Tod, also Luzifer, fand durch mich in Golgatha am Kreuz statt. In diesen bitterschweren Stunden rang mein Geist, der nichts mehr von Gott wusste, mit dem Geist des höchsten Dämon im Weltplan, der um all seine Macht wusste. Ich musste dieses Vakuum, in dem Luzifer noch Macht über eure Seelen hat, durch mein bedingungsloses Opfer ausfüllen. Meinen Körper als Beweis zerstören lassen. Ohne Widerstand, gegen jede menschliche Vernunft, gegen jede Rechtmäßigkeit. Und gleichzeitig gab ich Gott meinen Willen hin. Luzifer bekam durch meinen Tod nur eine körperliche Hülle. Gott bekam eine reine Seele. Und ihr bekamt eine Brücke, über die ihr sicher über diese Leere hinüberkommt.

Du bist nur knapp über dreißig Jahre alt geworden. Ein ungerecht kurzes Leben.

Ich habe durch mein Sterben bewiesen, dass ich bis zum letzten Atemzug an Gott glaubte. Mehr bedurfte es nicht.

Und Luzifer?

Seine Macht über den Tod zu brechen, war meine Aufgabe. Es ist mir gelungen. Dann war ich erlöst.

Wie erschüttert war dein Vater, dass er dich solchen Qualen ausgesetzt sah?

In der Sekunde meines Todes starb auch Gott. Gottes Herzschlag setzte aus. Es gab keinen Himmel mehr. Der Kosmos war ausgelöscht. Alles Sein vernichtet.

Wir Menschen haben durch dich Gott getötet? Dazu sind wir wirklich fähig?

STILLE ... MEINE AUGEN FÜLLEN SICH MIT TRÄNEN. ABER ICH WILL SIE NICHT ZULASSEN.

Ja. Der Mensch ist in der Lage, Gott zu töten. Das ist das Geheimnis hinter der Vertreibung aus dem Paradies. Mit Adam und Eva hatte mein Vater sich sterblich gemacht. Doch davon durften sie noch nichts erfahren. Er wollte erst sicher sein, dass sie ihre Macht nicht missbrauchen, wie Luzifer es tut. Das war der Grund, weswegen sie die Früchte vom Baum der Erkenntnis nicht essen durften.

Langsam beginne ich, zu begreifen. Luzifer ...

... Luzifer besaß diese Macht nicht. Deswegen unternahm er jeden Versuch, euch Menschen dazu anzustacheln, Gott zu ermorden. Die Schlange war der erste Versuch. Mich umzubringen sein letzter. Was er nicht wusste: Die Liebe hatte Gott zugesagt, sich an seiner Stelle zu opfern. Bedingungslos. Ich bin diese Liebe. In mir ist Gott gestorben und auferstanden. Wie das geschah, wird nie jemand beschreiben können. Gott war in der Liebe wiedergeboren. Leben kehrte in das gesamte Sein zurück. Das All pulsierte. Seitdem sitze ich zur Rechten meines Vaters. Zur Restabwicklung der Finsternis.

STILLE. MITTEN IN MEINEM HERZ. DA, WO ES PUMPT.

Die Liebe hat über Gott gesiegt?

Beide sind jetzt eins. In diese Einheit wird alles Sein am Ende der Zeit übergehen. In ihr wird es nichts Verborgenes mehr geben. Ihr werdet zu Gott.

WIR SCHWEIGEN. HEUTE IST OSTERMONTAG. ZUFALL ODER NICHT? EGAL. ES KÖNNTE AUCH JEDER ANDERE TAG SEIN. IN JENEN DREI TAGEN VOR ÜBER 2000 JAHREN WURDE JESUS ANS KREUZ GESCHLAGEN. ER GING DURCH DIE UNTERWELT UND ERSTAND VON DEN TOTEN WIEDER AUF. MIR WIRD PLÖTZLICH KLAR, MIT WEM ICH SPRECHE. DURCH IHN IST DIE HÖCHSTE IDEE DER MENSCHHEIT VERKÖRPERT: GOTT.

BRAUCHEN WIR EINEN ANDEREN JESUS?

EINIGE ZEIT SPÄTER.

Irgendwo gibt es dich noch in der Rummelbude unseres heutigen Lebens. Aber wir laufen eher kühl neben dir her. Brauchen wir einen anderen Jesus?

Willst du mich jetzt austauschen wie eine alte Glühbirne?

Vollbart, ausgemergelter Körper, Leidensmine. Auf all den Porträts, die es von dir gibt, siehst du nicht gerade sehr sexy aus. Wäre es nicht einfacher, dir zu folgen, wenn du da mal ein bisschen an deinem Outfit arbeiten würdest?

Wozu? Ein chinesischer Buddha ist dick und unförmig. Und dennoch verehren ihn Millionen von Menschen. Kannst du ihn dir am Kreuz vorstellen?

Dein Image ist seit Jahrhunderten völlig uninspiriert. In unserer Zeit der Äußerlichkeiten wäre es sicherlich leichter, dich zu vermarkten, wenn du wie ein koreanischer Popstar aussiehst.

Ein hinreißend schönes Gesicht, ein wohlgebauter Körper und strahlende Sternenaugen haben eine begrenzte Haltbarkeit. Und euren Popstars Konkurrenz zu machen, ist eigentlich nicht meine Aufgabe.

Aber sieh mal die Buddhas an. Wie sanft und in sich ruhend sie uns begegnen. Eine Buddhaskulptur im Haus verbreitet Zärtlichkeit. Ein Jesus am Kreuz immer nur schlechtes Gewissen.

Dann fordere halt mal eure Künstler auf, sich Gedanken über ein anderes Jesusbild zu machen. Keiner hindert euch, das zu ändern. Aber, du hast recht. Die Zeit wäre reif.

Wie würdest du dich selber gerne sehen?

Immer so, wie du mich sehen willst.

Ich würde dich gerne so sehen, wie Gott dich sieht.

Dann streng mal deine Fantasie an. Ein Wesen, in dem Frau und Mann vereint sind. Das Männliche ist da nicht mehr männlich und das Weibliche nicht mehr weiblich. Aus den zwei wurde eins. Dazu die vollendete Schönheit der Engel. Zum Anbeten. Obwohl es kein körperliches Geschlecht mehr hat, schenkt es dir die höchsten Wonnen der Sinnlichkeit. Aus ihm sprudelt die Liebe wie eine frische Quelle. Noch mehr?

Ein neues Gender? Her damit.

Geduld. Wie wollt ihr so was denn ertragen? Ihr geht ja schon beim Anblick einer schönen Frau oder eines gut gebauten Jünglings vor Verzückung in die Knie.

Mehr geht vielleicht nicht.

Stell euch nicht so ein schlechtes Zeugnis aus. Aber ich wundere mich auch immer wieder, wie der Reichtum Gottes sein Heim in dieser Armut eurer Erkenntnisfähigkeit genommen hat. Oder seid ihr einfach nur zu faul, euch unvoreingenommen mit eurem Schöpfer und seinem Sohn zu beschäftigen? Warum klopft ihr uns nicht einfach mal auf unsere Alltagstauglichkeit ab? Oder unsere Lebensfreude? Vielleicht fragt ihr euch auch einmal, warum wir immer wieder davon sprechen, wie sehr wir euch lieben. Geht da bei euch noch was?

Vielleicht brauchen wir ja keinen anderen Jesus, sondern einen anderen Menschen? Einen mit mehr Lust darauf, aus seinem alten Ich auszubrechen?

Wie wär's denn stattdessen mal mit innehalten? Und seid ihr so sicher, dass ihr im Ausbruch immer etwas Neues findet? Die weisen Hopi-Indianer wußten schon: »Wir sind die, auf die wir warten.«

Alles schon gesagt? Aber das nutzt den heute Zehnjährigen nichts, die durch ihre eigenen Augen sehen wollen. Auch dich zum Beispiel. Vielleicht sogar in einem anderen Licht. Willst du ihnen das nehmen?

Im Gegenteil. Ich will nur, dass sie mich sehen. Wie sie den Himmel dann aufrollen, bleibt ihr Vergnügen.

Den Himmel aufrollen durch eine neue Generation? Wäre das dein Wunsch zum Ende unseres Interviews?

Dafür gibt es keine Altersbegrenzung. Aber habe ich wirklich einen Wunsch frei?

Darf ich raten? Du willst sicher, dass wir alle gläubige Christen werden? Oder nur noch das Gute tun.

Es ist mehr ein ganz persönlicher Wunsch. Also ... bitte ... bitte ...

Nun sag schon!

Bitte! Holt mich endlich vom Kreuz runter. Ich langweile mich da zu Tode. Lasst mich da nicht hängen. Ich will fröhlich geliebt werden. Meinst du, das ist zu machen?

EIN WENIG VERUNSICHERT OB MEINER FORSCHHEIT UND WIE ICH AUF SEINEN WUNSCH REAGIEREN SOLL, REICHE ICH IHM SEIN GLAS WEIN. WIR STOSSEN MITEINANDER AN. ICH SCHAUE IHM IN DIE AUGEN ...

Auf den anderen Jesus.

Auf den anderen Menschen.

... UND NEHME MEINEN GANZEN MUT ZUSAMMEN.

Darf ich dir als Dank für dieses Interview einen Kuss geben?

ER SIEHT MICH ZÄRTLICH AN.

Trau dich.

JESUS HÄLT SEINE RECHTE WANGE HIN UND LÄCHELT.

Jetzt bitte auch die andere Seite.

DANKE, JESUS.

DANKSAGUNG

Hiermit möchte ich mich bei allen himmlischen und irdischen Engeln bedanken. Die Himmlischen wissen, wer gemeint ist. Die Irdischen will ich nennen.

Danken möchte ich meinem Freund John McLuskie aus Chiang Rai, der mich mit seinen grundlegenden Fragen so gerne mit einem Lachen provozierte und weitertrieb und mich finanziell aus vielen Nöten holte. Meinem Freund Paleologos Koukouvelis, der radikal die Liebe lebt und von dem ich ein Leben lang sehr, sehr viel lernte. Khunying Barbara Riepl, die sich als Engel strapazieren ließ. Meinem Freund Jojo Drewes, der seit unserer gemeinsamen Schulzeit im Hintergrund stabilisiert. Meine Freunde, die Hartkopfs aus Düsseldorf, die mir einmal in einem Buch über Jesusliteratur nicht nur geistige Nahrung schickten. Meine Freundin Kiki Romano-Strümpf, die die richtige Richtung wies. Meine Freundin Ina Schweppenhäuser, die sponserte, was noch ganz wenig Gestalt angenommen hatte. Meine Freundin Lili Romussi vom Lago D'Orta in Italien, die mir ihr Herz und ihre fantastische Küche öffnete. Mein Galeriepartner Olivier Fauchereau, der sein Geld eigentlich in meine Galerie gesteckt hatte und dort dann viele Abende am Thema mitfeilte. Mein Agent Klaus Bovers, der von Anfang an daran glaubte, dass dieses Interview auf den Markt gehört. Dank auch an Alex Hilbert. Ohne ihn hätte Jesus wesentlich leichteres Spiel mit mir gehabt. Dank an Padari und Rittee Bunnag-Suchiva, die in der Krise in Chiang Mai sofort zur Stelle waren. Familie Khunjing Ning, Krisda, Jam, Timtong Suchiva aus Bangkok, die mich als Freund aufnahmen. Und meine Freunde Patsry Bunnag und Jean-Michel Beurdeley, die mich zu den nötigen Entspannungsabendmahlen luden. Dank auch an die Übeltäter aus Chiang Mai, die mich am eigenen Körper spüren ließen, was Raub und Ver-

leumdung und schwarze Magie bedeuten. So wusste ich, was ich fragte. Der »Satan« bekam durch sie ein privates Gesicht. Mögen sie ihr Leben ändern, solange dazu noch Zeit ist. Danken auch für die Liebe und fröhliche Akzeptanz meiner dienenden Freunde in der MUMU Gallerie in Bangkok und Chiang Mai »Korn« Somchai Naikam, »Oui« Nithiphat Meesiri, Timo Dyga, Aung, der Shan aus Taunggyi, »Kyalin« Khun Kyaw Wai Yan. »Kai« Sonexay Phalivong, mein buddhistischer Mönchsfreund, der Ökologie studiert und mir den Buddhismus vorlebte. Alle, auch die vielen nicht Genannten, haben auf ihre Weise das Lächeln der Engel täglich vor mir leuchten lassen. Der Dank des Sohnes an die eigene Mutter sollte selbstverständlich sein. Aber ist es selbstverständlich, dass eine 91-jährige Mutter über Jahre ihren ausgewachsenen Bengel umsorgt, als wäre er ein Prinz? Meine Mutter Gisela kochte und servierte dreimal täglich, zuzüglich Tea-Time, bügelte die Wäsche, sorgte für ein Dach über dem Kopf, zahlte, was sich nicht aufschieben ließ und lieferte mit ihrer praktischen Moral den Kompass für viele Fragen, unterstützt von meinem Vater Paul im Himmel. Danke auch an Jesus und Gott für die Geduld mit mir!

LITERATURLISTE

Die Bibel. Was für ein Buch. Zurecht das Buch der Bücher genannt. Je mehr man über die einzelnen Sätze und Begebenheiten nachdenkt und je öfters man sie liest, desto mehr entfalten sie sich. Allein über den ersten Satz der Genesis lassen sich Theorien und Phantasien entwickeln, die nie langweilig werden. Zum Beispiel heißt das »Wort« im griechischen »Logos«. Es kann aber auch als Licht interpretiert werden: »Am Anfang war das Licht.«
Die Bibel, Altes und Neues Testament, Einheitsübersetzung, Herder 2009

Reclams Bibellexikon. Ohne das geht gar nichts. Schließlich müssen Daten überprüfbar sein. Danke! Negativ: manche Artikel sind kirchenideologisch eingeengt. Vor allem, wenn es um die Hinweise schwer verstehbarer Texte geht. Da ist dann ganz schnell immer die ›kirchliche Gemeinde‹ im Spiel. Positiv: kein bisschen esoterisch oder glaubensfixiert. Die Illustrationen helfen zudem, sich eine Vorstellung der Orte und Riten zu machen. Mein Lieblingsbild: Beschneidung. S. 77!
Reclams Bibellexikon, Philipp Reclam jun. Stuttgart, 2004

The teaching of Buddha, Bukkyo Dendo Kyokai. Liegt immer in der Schreibtischschublade des Pinnacle Hotels in Bangkok, wo ich absteige. Fairerweise zusammen mit dem Neuen Testament, auch auf englisch. Diese Ausgabe, die jeder Gast mitnehmen darf, ist auch noch in japanisch. Sehr beruhigend die rechtsseitig gedruckte japanische Kalligraphie. Sie wirkt wie eine meditative Bebilderung zu der klaren und einfachen englischen Sprache. Buddha sagt: »People cannot be saved by relying on their own wisdom.« S. 70. Danke Buddha.
The teaching of Buddha, Bukkyo Dendo Kyokai, Tokyo, 1990

Śrimad Bhagavatam. Dritter Canto – Erster Teil. Zufällig beim Malermeister Fischer in Aschau gefunden, der eine Bücherkrippe anbietet, wo man gebrauchte Bücher abgeben und erwerben kann. Das Geld fließt einem sozialen Zweck zu. Ich bin zwar auch einmal vor vielen, vielen Jahren, angestupst durch Mircea Eliades »Geschichte der religiösen Ideen« durch die »Veden, Upanishaden, Bhagavad Gita« von Sri Chinmoy, die vom Diederichs-Verlag herausgegeben wurden, geflutet,

aber dieser Zufallsfund, der als »die reife Frucht am Baum der vedischen Literatur« gilt, hat neben den wichtigen Informationen auch hübsche Geschichten wie die vom Lehrer, der seinem frechen Schüler einmal drohte, ihm den Kopf abzuschneiden und an die Wand zu hängen, »so dass das Kind sehen könne, wie sein Kopf abgeschnitten worden sei. Das Kind erschrak und trieb fortan keinen Unfug mehr.« S. 251. Vielleicht ein guter Tipp auch für Lehrer im christlichen Umfeld? Toll, mancher Satz ist über eine Seite lang.
ŚRIMAD BHAGAVATAM, Dritter Canto, The Bhaktivedanta Book Trust reg., 1984

2012. Die Rückkehr der gefiederten Schlange. Von Daniel Pinchbeck. Ein Buch wie ein Drogentrip durch die Welt der Entsprechungen. Der Autor schreibt u.a. für New York Times, Esquire, LA Weekly, The Village Voice und ist ein Schamane der Interpretationen supramentaler Möglichkeiten. Das Kapitel »Tanz der Kali« eröffnet er mit »Jose Argülles visionärer Eifer war ansteckend.« Genau das gilt auch für Daniel Pinchbeck.
Daniel Pinchbeck: 2012. Die Rückkehr der gefiederten Schlange, Sphinx 2004

Anita Roddick. Take it Personally: How Globalisation Affects you and Powerful Ways to Challenge it. Die 2007 verstorbene Gründerin der Body-Shop-Kette hat sich mit diesem Buch ein Denkmal nicht nur für ihr Engagement für die Ökobewegung gesetzt. Eine Fülle von Fakten in Verbindung mit gerechter Wut über die Weltzerstörer und mit sanftem spirituellem Überbau geschrieben, gehört in jedes Klassenzimmer. »Firmen, die nicht moralisch, sondern nur aus Profitgier handeln, schaden ihrem Geschäft«, so Roddicks Überzeugung. Obwohl wir mit Informationen überschüttet sind und schnell wieder vergessen, welche Katastrophe gerade durchs Weltdorf jagt, sind die Beiträge in dieser Sammlung so kurz und präzise, dass man sie wie ein Schüler mitschreibt.
Take it personally: How globalization affects you and powerful ways to challenge it – Anita Roddick Books, 2004

Popohl Vuh. Kannte ich zuerst als Gymnasiast noch als Popgruppe und dann als Buch in der New Age Phase in den 80ern des letzten Jahrhunderts. War irgendwie kompliziert zu lesen. Mit diesen ganzen unaussprechbaren Göttern. Durch den Film »Herz des Himmels« von Frauke

Sandig und Eric Black habe ich dann den Bezug zum heutigen Alltag auch dieser Religion finden können. Ist immer klasse, wenn Buch und Film sich ergänzen.
Cordan, Wolfgang (Hrsg.): Popol Vuh: das Buch des Rates, Mythos und Geschichte der Maya. Diederichs, München, 1995

Der Preis der Leichtigkeit. Von Andreas Altmann. Von diesem Buch hatte ich mir die letzten Seiten aufgehoben wie eine köstliche belgische Praline. Ich wollte sie erst lesen, wenn das Jesus-Interview fertig geschrieben ist. Das war meine literarische Belohnung. Jeder Satz dieses Autors lässt das Herz hüpfen, weil er einfach ein Sprachgott ist. Vielleicht auch, weil er Glauben und Wirklichkeit, säbelscharf und salopp im Blick, auch im Massagesalon in Vietnam findet. Chapeau, Monsieur Altmann. Auch wenn es für Sie keinen lieben Gott gibt. An einem kommen auch Sie bei ihm nicht vorbei: Am Anfang war das Wort.
Der Preis der Leichtigkeit, Piper Verlag, München, 3. Auflage, 2009

Das Thomas-Evangelium. Dass diese Zitate Jesu nicht in die Bibel aufgenommen sind, ist verständlich. Spröde und ohne viel Bohei bringen sie wichtige Informationen von Jesus auf den Punkt. Wenn man ihn sich als klarsichtigen Lehrer vorstellt, versteht man, was hinter diesen knappen Formulierungen steckt. Ich denke, es ist ein authentisches Dokument. Auf jeden Fall hat es mir bei den Fragestellungen sehr geholfen.
http://www.meyerbuch.de/pdf/Thomas-Evangelium.pdf

Google und *Wikipedia*. Jeder Autor, der heute eine Literaturliste ohne die beiden nennt, lügt. Wir wissen, dass Google unsere Zugriffe für Werbebanner abgrapscht, aber diesmal hat das auch etwas Positives. Da erhalten wir dann Informationen über Jesuslatschen, Jesustouren und Fußballer, die Jesus heißen. Passt doch. Und die Klicks steigen. Im Februar 2012 wurde Jesus 819.000.000 mal angeklickt. Im April 2012 waren es bereits 998.000.000. Zählt man die Klicks für Jesus, Jesus Christus und Gott zusammen – also die ganz enge Familie – sind es 1.031.920.000. Sex hat 3.600.000.000 Zugriffe. Aber wir haben ja nur für die deutsche Sprachfamilie gezählt.